있어 보이는
나를
만드는 법

있어 보이는
나를
만드는 법

Nur wer sichtbar ist,
findet auch statt

나의 강점을 브랜드로 만드는
자기 PR의 기술

티젠 오나란 지음 | **서유리** 옮김

📖 동양북스

따지고 보면 우리는 항상 어느 정도 자신을 연출한다.
우리 인간은 소통하지 않고 살 수 없듯이,
자기 연출 없이도 살 수 없다.

_ 본문 중에서

차례

1장 ▶
남이 정해준 대로
살 것인가
내가 나를 정하고
살 것인가

학교에서는 가르쳐주지 않는 퍼스널 브랜딩의 세계

퍼스널 브랜딩이 아니었다면 지금의 나는 없었을 것이다. 이 책에서 다룬 내용은 학교에서 배운 게 아니다. 실전에서, 때로는 고통스러운 경험을 통해 하나씩 터득했다. 내 신조는 '하면서 배우자Learning by Doing'인데 더 정확히 말하면 '넘어지기, 일어나기, 다시 계속하기'다.

여기에 대해서는 뒤에서 다시 다루기로 하고, 먼저 나에게 인생의 중요한 교훈을 알려준 경험을 이야기해보겠다. 내가 처음 정치계에 발을 들여놓은 것은 부모님 때문이었다. 우리 부모님은 나와 식탁에서 몇 시간씩 토론하는 게 지긋지긋했는지 정당에 한번 가입해보라고 했다. 정당에 가입하면 내가 관심 있는 온갖 주제로 사람들과 토론하고 교류할 수 있을 거라고 했다. 좋은 생각이었고 나는 내게 맞는 정당을 탐색해보기 시작했다.

나는 FDP^{자유민주당-옮긴이}와 교집합이 가장 컸고 당시 선거가 코앞이던 상황이라 FDP도 나를 환영하며 받아줬다. 게다가 가입하고 얼마 되지도 않았는데 바덴뷔르템베르크주 의회 후보로 나서보지 않겠냐는 제안까지 받았다.

컷. 그리고 몇 주 후 나는 정당 행사에 참석했고 온갖 질문 세례를 받았다.

— 이슬람에 대해 어떻게 생각하십니까?
— 이민자들을 우리 사회에 통합시키려면 어떻게 해야 할까요?
— 이곳에 사는 터키인들과 독일인들 사이에서 정체성 혼란을 느끼십니까?
— 학교에서 무슬림을 위한 별도의 종교 수업을 해야 한다고 생각하십니까?
— 이민 2세대와 3세대는 독일이 터키와 맺은 근로자 채용 협정에 대해 어떻게 생각합니까?
— 이민자법이 필요하다고 생각하십니까?

있어 보이는 나를 만드는 법

이런 식의 질문이 한 시간 동안이나 이어졌고 나는 더듬거리며 대답하려 애썼다. 하지만 그동안 나는 이런 질문에 대답할 준비는 물론이고 이런 주제에 대해 깊이 생각해본 적도 없었다. 카를스루에에 있는 오래된 고풍스러운 호텔 회의실에서 행사가 열렸는데 회의실 안은 모든 클리셰를 충실히 따르고 있었다. 장식용 석고로 마감된 천장이며 복도에 깔린 수놓은 비단 카펫, 창문에 걸린 육중한 커튼이 그랬다. 이 행사는 정당에 관심 있는 사람들과 정당 지도부가 2006년 주 의회 선거에 FDP 후보로 나온 사람들을 검증하는 자리였다. 그리고 그 후보 중 한 명이 바로 나였다. 내 프로필에는 '이민자 가정에서 자란 대학생 후보로 선거 모토는 교육과 통합'이라고 적혀 있었다.

왜 내 프로필에는 이렇게 적혔을까? 행운이기도 하지만 어찌 보면 조금 불운이기도 했다. 무엇보다도 내가 직접 선정한 선거 모토가 아니라는 게 가장 큰 문제였다. 여기에 대해서는 나중에 조금 더 자세히 다루겠다. 아무튼 주 의회 선거 개막 행사에서 어색하고 서툰 첫인사를 한 후 홍보 에이전시 관계자가 연락을 해왔다. 나는 지금도 그 일이 고맙다. 솔직히 나는 내세울 게 거의, 아니, 정확히 말하면 전혀 없었다. 우리 부모님은 나를 기꺼이 돕고 싶었겠지만 정치 전략가가 아니었다.

홍보 에이전시는 내게 하늘이 준 선물과 같았다. 그리고 바로 문제점을 지적했다.

행사를 지켜본 홍보 에이전시 관계자는 나 자신뿐만 아니라 선거 전략도 전면적으로 바꿔야 한다고 단도직입적으로 말했다. 우리는 브레인스토밍을 위해 약속 시간을 잡았고 그 자리에서 간단하게 내가 자라온 이야기를 들려주었다. 그러자 선거에서 중심 공약으로 내세워야 할 주제들이 확실해졌다. 당시 나는 대학생이었으니 교육이라는 주제가 적합했고 또한 여자였기에 가족이라는 주제도 어울렸으며 부모님이 이민자였으므로 통합이라는 주제도 적합했다. 하지만 여기서 미리 살짝 귀띔하자면 어떤 특정 주제들이 현재의 삶을 반영해준다고 해서 자동으로 자신이 추구하는 주제가 되는 것은 아니다.

있어 보이는 나를 만드는 법

남이 정해준 대로
살지 마라

어찌 되었든 당시 나는 그렇게 포지셔닝되었고 그에 맞춰서 사람들과 토론을 벌였다. 그런데 얼마 지나지 않아서 이민이나 통합 같은 주제 또는 이와 관련된 문제에 대해 아는 것도, 관심도 없다는 자각이 스멀스멀 올라왔다. 나는 집에서 특별히 '터키식' 교육을 받으며 자라지도 않았고 종교가 큰 부분을 차지하지도 않았다. 그저 내가 잘 알겠거니, 내가 말을 하면 '신뢰'할 만하겠거니 하는 짐작으로 다른 사람들이 그런 주제를 선정한 것뿐이었다. 하지만 사실은 정반대였다. 나 대신 다른 사람들이 선정한 그 주제에 나는 공감할 수가 없었다. 그래서 모든 상황이 제대로 와닿지 않았다.

뭐가 문제였을까? 나의 실행 과제와 주제를 내가 아니라 다른 사람이 정한 것, 바로 그게 문제였다. 나 같은 경우는 조금 특수한 상황이기는 했지만 이런 일은 주변에서 결코 드물지 않다. 누구든 이와 비슷한 형태의 경험을 할 수 있다. 의식적으로든 무의식적으로든 사람들은 상대방에게 어떤 기대를 하는 경우가 많기 때문이다.

자기 자신은 별로 대수롭지 않게 여기거나 무의미하다고 생각하는데 사람들은 그게 그 사람 안에 있을 거라고 판단하기도 한다. 대중, 청중, 정당, 때로는 부모와 가족 또는 친구들조차도 그럴 때가 있다. 넘겨짚기, 클리셰, 잘못된 기대는 사람들이 우리를 인지하는 데 영향을 미친다. 그리고 우리는 이런저런 이유로 그런 기대에 부응하려고 한다. 대학 전공 과목이나 직업 선택부터 시작해서 취업할 곳을 선택하거나 어떤 과제나 임무를 받아들이는 것까지 다 그렇다. 그런데 자신의 포지션과 주제를 정하는 것은 아주 본질적이며 오직 자신만이 결정할 수 있다.

당시 선거에서 내가 처한 상황은 예외적인 게 아니라 현실에서 비일비재한 일이다. 인생을 살다 보면 수많은 기회가 우연히 주어지며 때로는 다른 대안이 없어서 그대로 받아들인다. 그리고 현재를 만든 과거의 모든 결정을 되짚으면서 그 의미를 찾아보려고 애쓴다.

일단 결정하면 가야 할 방향이 명확해진다.

나는 별생각 없이 내린 결정이 삶에 어떤 영향을 미치는지 몸소 고통스럽게 겪었다. 일단 어떤 궤도에 올라타면 정말 끝까지 가야 하기 때문이다. 나 같은 경우는 이랬다. 당시 선거에서 나의 선거 모토가 정해진 후 그 주제에 어울리는 수많은 행사에 초대받았다. 이민자 대상의 단체와 협회를 돌아다녔고 어떻게든 최선을 다해 잘 포장해서 사람들의 마음을 끌려고 애썼다. 그런데 당시 나는 토론에 참여하는 게 상당히 힘들었다. 경험도 부족했고 시야도 넓지 못했다. 더구나 토론 주제도 깊이 고민한 적이 없다 보니, 토론에 참여한 전문가들에게 밀릴 수밖에 없었다. 그들은 나보다 훨씬 능숙하고 노련했다. 나는 이민자법에 대해 할 수 있는 말도, 관련 법에 기여할 만한 부분도 없었다. 나의 이런 상태를 나만 깨달은 게 아니었다.

유감스럽게도 모든 토론 참석자가 느꼈다.

　그리고 너무도 낯선 개인적인 질문들도 받았고 거기에 대해 힘들게 입장을 표해야 했다. 예를 들면 "후보자님 어머니께서는 히잡을 착용하십니까?" 같은 질문을 받았다. 나를 아는 모든 사람은 우리 집이 전통을 중시하는 분위기가 아니라는 것을 알고 있다. 당시 히잡 논쟁이 상당히 뜨거웠다. 그래서 "여성 교사들이 학교 수업 중에 히잡을 착용해도 된다고 생각하나요?" 같은 질문을 자주 받았다. 나는 이런 질문을 받을 때면 솔직하게 대답했다. "저는 가톨릭 학교에 다녔습니다. 그때 수녀들도 수업 중에 수녀복과 베일을 착용했습니다. 착용 여부는 전적으로 교사의 자유에 맡겨야 한다고 생각합니다. 이것은 신앙에 대한 개인적인 표현이니까요"라고 말했다.

　그런데 선거를 치르면서 이런 상황에 계속 직면해야 했다. 내가 살아오면서 별로 중요하게 생각하지 않았거나 너무나 당연해서 한 번도 깊이 생각해보지 않은 주제에 대한 질문이 쏟아졌다. 그동안 깊이 생각해본 적이 없다 보니 심도 있는 토론을 할 수가 없었다. 물론 선거를 치르면서 조금씩 배우기는 했지만 자신이 해야 할 실행 과제를 스스로 정하지 않으면 어떤 일이 벌어지는지를 깨달았다.

　젊은 사람들이 대중 앞에 나설 때 그때의 나처럼 그렇게 길

　　　　　　　있어 보이는 나를 만드는 법

을 잃고 헤매지 않았으면 좋겠다. 남이 정해준 대로 따르면서 고생하지 않기를 바란다. 젊지 않은 사람들도 마찬가지다. 이제 그러지 않을 수 있다. 나는 결정적인 질문이 무엇인지 분명하게 깨달았고 그게 이 책을 쓰는 이유다. 그 질문은 바로 '어떻게 하면 나의 주제와 실행 과제를 잘 정할 수 있을까'이다. 정치 캠페인이든 직업적 커리어를 준비하든, 아니면 자신만의 인생길을 개척하든 상관없다. 이 책에서 내 목표는 자신만의 강력한 포지셔닝을 지속적으로 유지하는 방법을 알려주는 것이다. 자신의 인생 목표에 도달할 수 있도록 말이다.

나는 아주 근본적인 것들을 다룰 것이다. 왜 퍼스널 브랜딩에 대해 생각해봐야 하는지, 성공하려면 어떤 방법과 길이 있는지를 구체적으로 다룰 것이다. 이때 디지털 채널, 그중에서도 특히 소셜 미디어는 어떤 역할을 할까? 그리고 일상 대화에서부터 토론이나 강연에 이르기까지 아날로그 공간에서는 자신의 브랜드 핵심을 어떻게 소통하고 있을까?

자신의 메시지, 주제, 브랜드 핵심은 항상 분명하게 드러나야 한다. 온라인이든 오프라인이든.

우리 모두 이미
퍼스널 브랜드를 갖고 있다

조금 주제넘고 건방지게 들릴지도 모르겠지만 이 책은 정말 '모든 사람'을 위한 책이다. 직업이 있든 없든, 직장인이든 자영업자든, 사회초년생이든 프리랜서 또는 창업자든, 커리어의 전환점을 맞이한 사람이든 이미 경영진으로 올라섰든, 나이가 많든 적든, 성별이 무엇이든, 사회적 또는 인종적 배경이 어떻든 상관없다. 또한 퍼스널 브랜딩에 대해 전혀 모르든 아니면 이미 퍼스널 브랜드가 어느 정도 잡혀서 일관성을 유지하면서 위기를 극복하고 싶든, 자기 노선을 지키는 법을 배우고 싶든 상관없다.

　나는 퍼스널 브랜딩이 우리의 삶을 선명하게 구축해가도

록 하는 데 가장 효과적인 도구라고 확신한다. 퍼스널 브랜딩은 내가 직업적 커리어를 만들어가는 데 큰 도움을 주었다. 퍼스널 브랜딩과 네트워킹이 없었다면 지금의 나도 없었을 것이다. 이 책에서 나는 개인적인 경험과 내가 배운 것들에 대해 이야기할 생각이라서 퍼스널 브랜딩은 주로 직업적인 관점에 초점을 맞출 것이다. 하지만 초점이 어디에 있든지 다른 여러 삶의 영역에도 얼마든지 적용할 수 있다.

퍼스널 브랜딩은 누구나 관심을 가져야 할 주제이지만 그렇다고 해서 모두에게 똑같이 작동하는 것은 아니다. 사회초년생, 기업가, 회사의 간부, 이렇게 서로 다른 세 그룹을 살펴보면 분명히 알 수 있다. 세 그룹의 사람들은 어떤 특정 주제에 대한 전문가로 인정받고 싶어 한다. 그런데 이런 근본적인 공통점 외에 엄청난 차이가 있다. 사회초년생은 자신의 재능과 자신이 받은 직업 교육에 맞는 직업을 찾는다. 따라서 여기에 맞게 자신을 포지셔닝하고 특정한 사람들을 공략한다. 바로 자신이 취업할 수도 있는 회사들이다. 하지만 경영자와 기업가는 완전히 다르다. 이들의 관심은 시장 관련 주제에 집중되어 있다. 고객, 재능 있는 핵심 인재, 경쟁 기업에 관심을 둔다. 반면에 회사의 간부들은 자신의 조직에 더 집중하며 자기 회사가 속한 산업에 집중한다.

이렇게 서로 다른 입장과 상황에 맞춰서 커뮤니케이션 방식과 브랜딩 전략을 세워야 한다.

> 우선 자신이 어떤 카테고리에 속하는지, 타깃 집단은 누구인지를 파악하라. 사회초년생이라면 경영을 맡은 사람들과는 다른 브랜딩 전략을 짜야 한다.

그렇지만 브랜딩 전략은 각자 다를 수 있어도 '브랜드 구축'이라는 근본은 같으므로 그 구축 과정을 자세히 알아야 한다. 원하든 원하지 않든 우리 모두에게는 퍼스널 브랜드가 필요하다. 어쩌면 우리가 모르는 사이에 이미 스스로를 브랜드화하고 있는지도 모른다. 그렇기 때문에 이것에 대해 잘 아는 것이 중요하다. 직장인이든, 정치계에 있는 사람이든 또한 아주 사적인 영역에서든 다 마찬가지다. 물론 사적인 생활보다는 직업 생활에서 퍼스널 브랜드와 브랜드 핵심에 대해 이야기하는 게 더 수긍이 가고 이해하기도 쉬울 것이다. 하지만 열정을 쏟는 취미 생활도 퍼스널 브랜드의 일부가 될 수 있다. 예를 들어 어떤 사람이 이웃을 돕는 봉사에 헌신적이라고 하자. 그러면 그 사람의 브랜드 핵심은 물건을 잘 수리하는 능력

있어 보이는 나를 만드는 법

이 될 수 있다. 물건 수리를 통해 남을 도울 수 있기 때문이다. 결정적인 질문은 항상 "자신이 브랜드라는 사실을 알고 있는 가? 이를 스스로 구축할 준비가 되어 있는가"이다.

누구나 퍼스널 브랜드를 가지고 있다. 다만 그것을 의식적으로 구축하느냐, 그렇지 않느냐의 차이가 있을 뿐이다.

오늘날 퍼스널 브랜드를 구축하는 것은 아주 중요하다. 여러 이유가 있지만 그중에서도 다음 네 가지가 중요하다.

— 내가 내세우고 싶은 주제를 내가 정할 수 있다.
— 나의 인지도를 높일 수 있다.
— 다른 사람들이 나를 어떻게 생각하는지, 나에 대해 무엇을 아는지를 내가 통제할 수 있다.
— 나에게 없는 능력을 가진 사람들과 네트워크를 구축할 수 있다.

이외에도 퍼스널 브랜딩을 구축해야 하는 이유는 얼마든지 있다. 그러나 핵심은 주체성이다. 모든 것을 자신의 책임 아래

스스로 정한다는 것이다. 최근 몇 년 사이에 자영업자들 사이에서 퍼스널 브랜딩이 중요해졌는데 주체성의 관점에서 보면 당연한 결과인지도 모른다. 프리랜서와 젊은 기업가들은 자신들의 타깃을 정확히 파악하고 공략해야 하며, 지속적으로 자신이 추구하는 가치를 전달하기 위해 노력해야 한다. 이때 퍼스널 브랜딩을 이용할 수 있다.

목표 : 사람들에게 내가 추구하는 가치를 이해시키고 싶다.

해결책 : 퍼스널 브랜딩

퍼스널 브랜딩은
셀카 쇼가 아니다

강력한 브랜드를 가지고 있다는 것은 아주 가치 있는 일이다. 기업들이 자신들의 이미지와 브랜드를 알리기 위해 얼마나 많은 돈을 투입하는지만 봐도 알 수 있다. 유명할수록 인지도도 높다. 일상에서 손쉽게 예를 찾을 수 있다. 지인 중에 프로그래머가 두 명이 있다고 가정해보자. 둘은 경력도 같고 객관적인 업무 능력도 비슷하다. 그런데 한 명은 나의 소셜 미디어에 (내가 볼 때 괴짜 같은) 기사를 포스팅하고 자신의 의견을 남긴다. 그 반면 다른 한 명은 소셜 미디어를 이용하지 않거나 소극적으로만 이용한다. 프로그래밍 관련 질문이 있을 때 나는 누구를 먼저 떠올릴까?

많은 기업이 인지도를 높이기 위해 기꺼이 많은 돈을 쓴다. 인터넷 검색창에 어떤 검색어를 입력했을 때 가장 상단에 노출되기 위해 막대한 돈을 투입하기도 한다. 그렇지만 퍼스널 브랜드의 힘이 강한 기업의 경우에는 굳이 이렇게 돈을 들이지 않아도 사람들이 특정 주제를 생각할 때 가장 먼저 그 기업을 떠올린다.

그런데도 자영업을 하든 직장을 다니든, 또는 개인의 일상생활에서든 상관없이 많은 사람이 퍼스널 브랜딩을 여전히 좋게 생각하지 않는다. 나는 강연이나 워크숍에서 청중들에게 퍼스널 브랜딩 하면 즉흥적으로 떠오르는 게 뭔지를 묻곤 한다. 가장 자주 나오는 대답은 다음과 같다.

— 셀카 쇼
— 자기 PR
— 자기애
— 음식 사진
— 트럼프 대통령
— TMI 너무 과한 정보

'브랜딩' 개념은 오늘날 마케팅이나 유통 분야에서 많이 사

있어 보이는 나를 만드는 법

용하는데, 많은 사람이 퍼스널 브랜딩을 자기 자신이나 자신의 서비스를 팔아먹으려는 자기 연출이라고 생각한다. 하지만 나는 퍼스널 브랜딩이 유통이나 판매와는 별로 관련이 없다고 생각한다. 퍼스널 브랜딩에 함축된 기존의 의미를 벗어나서 조금만 더 생각해보면 오히려 인격 형성에 도움이 되는 유용한 수단이 될 수 있다. 그리고 그 내용을 이 책에서 다루려고 한다.

오늘날 퍼스널 브랜딩은 완전히 새로운 형태로 떠오르고 있다. 특히 소셜 미디어와 인터넷과 다양하게 연결되어 있다. 소셜 미디어는 우리 자신을 하나의 브랜드로 인식하고 포지셔닝한다. 프로필 하나를 작성할 때도 "나는 사람들에게 어떻게 보이고 싶은가?"라는 질문에 직면하게 된다. 하지만 디지털 채널은 함정이 되기도 한다. 퍼스널 브랜딩은 오직 온라인에서만 할 수 있다는 잘못된 생각을 심어주기 때문이다. 나는 오히려 그 반대라고 확신한다. 온라인은 우리가 가지고 있는 여러 도구 상자 중 하나일 뿐이다. 온라인에서 하는 일을 오프라인 세상으로 필연적으로 확장해야만 한다. 물론 온라인과 오프라인의 삶에는 차이가 있다.

인터넷은 현실의 모습을 반영하지만 완전히 다른 이야기를
들려줄 수 있다.

　　오직 온라인에서만 퍼스널 브랜드를 관리하거나 또는 그
반대로 퍼스널 브랜드가 온라인 세상에서 완전히 벗어난 경
우도 있다. 둘 다 극단적인 경우로 모두 잘못이다. 온라인에서
자신의 퍼스널 브랜드와 브랜드 핵심을 직접 관리하지 않는
사람은 다른 사람에게 그냥 자신을 내던지는 것과 같다. 오늘
날 우리는 어떤 형태로든 디지털 세계에 존재한다. 그런데 새
로운 채널을 전혀 이용하지 않으면 그곳에서 어떤 일이 일어
나고 있는지 전혀 알지 못하며 자신에 대해 어떤 이야기가 오
가더라도 아무런 영향을 미칠 수 없다. 이것이 퍼스널 브랜딩
에 관심을 가져야 하는 또 다른 이유다.

있어 보이는 나를 만드는 법

사람들이 나를 생각할 때
가장 먼저 떠올리는 주제가 뭘까?

인플루언서 마케팅, 사이버 불링^{Cyber Bulling, 온라인에서 상대를 괴롭히거나} 따돌리는 행위 – 옮긴이, 소셜 봇^{Social Bots}, 딥페이크^{Deep Fakes, 인공지능 기술로 서} 로 다른 영상을 합성하는 기술 – 옮긴이. 이 네 가지 온라인 현상은 우리가 퍼스널 브랜딩과 디지털 공간을 소홀히 하면 어떤 치명적인 일이 일어나는지를 분명하게 보여준다. 이런 현상이 최근 몇 년 간 그렇게 활개를 친 것은 허점이 있었기 때문이다. 그 허점은 우리 자신과 네트워크를 진지하게 받아들이지 않고 소셜 미디어와 퍼스널 브랜딩을 충분히 다루지 않아서 생긴 것이다.

소셜 미디어를 주체적으로 사용하면서 자신이 퍼스널 브랜드라는 사실을 인지하지 못하는 사람은 진짜와 가짜를 구별하는 데 어려움을 느낀다. 예를 들어 내 연락처에 저장된 사람들은 최소한 한 번은 내가 만난 사람들이다. 그러니까 그 사람들은 내가 진짜로 알거나 적어도 현실에 존재하는 사람들이다.

직업이나 사적인 관계에서 책임감과 신뢰는 관계를 형성하는 데 근본이 되는 중요한 가치이며, 특히 디지털 세상에서는 보호 역할을 한다. 만약 이런 가치들이 사라지면 어떻게 될까? 자기 연출과 과시를 전면에 내세운 인플루언서 마케팅에서 그 결과를 엿볼 수 있다. 그럴듯하게 들리는 '소셜 미디어 마케팅'이나 '네트워크 마케팅'이라는 표현 뒤에는 판매를 위해 온라인상에서 개인적으로 연결된 사람들까지 끌어들이는 기만적인 사업 모델이 숨어 있다.

이와 같은 사기 수법은 물론 예전에도 있었다. 다만 소셜 미디어에서 일명 성공했다고 하는 퍼스널 브랜드들이 이 사기 수법에 자주 동원된다는 점이 다르다. 몰려든 사람들이 이들을 우상처럼 우러러보면서 소셜 미디어를 활용한 사업 모델에 정당성을 부여한다. 그리고 이 때문에 퍼스널 브랜딩에 대한 잘못된 이해도 확산하는 것이다.

인터넷과 일부 소셜 미디어는 우리가 방심하는 사이에 사이버 불링, 즉 사이버 괴롭힘이 일어나는 공간이 되기도 한다.

이때 이곳에서는 사회적 규범이 극단적으로 무너지게 된다. 소위 '불리Bully'는 영어로 약자를 괴롭히거나 협박하는 사람들을 말하는데 그들은 피해자들을 웃음거리로 만들고 거짓을 퍼뜨리거나 심지어 신체적으로까지 괴롭힌다. 사이버 불링은 이런 형태의 괴롭힘이 디지털 세상으로 옮겨간 것이다. 피해자들의 진짜 또는 가짜 사진을 퍼뜨려서 피해자들을 모욕하고 웃음거리로 삼아 조롱한다. 뒷담화와 거짓말은 댓글, 채팅, 포스팅을 통해 계속 확산한다.

그런데 이것이 퍼스널 브랜딩과 무슨 상관이 있을까? 실제 생활에서 감히 하지 못하는 것을 인터넷에서는 마음껏 해도 되고 거리낄 게 없다고 생각하는 사람들이 있다. 만약 이런 행동을 해도 법에 저촉되지 않는다는 생각이 들면 사이버 불링이 퍼지게 된다. 어떤 사람들은 오프라인에서 절대 보이지 않던 자신의 모습 일부를 온라인에서 마음껏 드러내기도 한다. 하지만 인터넷의 흔적은 절대로 지워지지 않는다. 특히 소셜 미디어를 잘 사용하지 않는 사람들은 간단한 구글 검색만으로도 수많은 내용이 눈앞에 나타나는 것에 깜짝깜짝 놀랄 것이다.

최근 미국에서 하버드대학교 입학 예정자가 몇 년 전에 페이스북에 올린 인종차별적인 글 때문에 입학이 취소되어 논란이 벌어졌다. "나는 정말 사이버 불링을 나의 브랜드 핵심으로 삼기를 원하는가?" 이는 오늘날 우리 모두 생각해봐야 할 문제이다. 또한 피해자의 편에 서기를 두려워하고 그들을 대변하거나 사이버 불링에 대항하기를 망설이는 사람들도 정말 진지하게 생각해봐야 한다. 사회 통합 규범을 무시하고 무색하게 만드는 사이버 불링을 하는 사람들에게 디지털 공간을 그냥 내어줄 것인지 말이다.

다행히 나는 지금까지 소셜 미디어에서 긍정적인 경험을 주로 했지만 얼마 전에 사이버 불링의 피해자가 될 수도 있다는 사실을 깨달았다.

사이버 불링과 관련해서 관심을 기울여야 할 현상이 두 가지 있다. 소셜 봇과 딥페이크다. 소셜 봇은 자동화된 프로그램으로 소셜 미디어에서 진짜 사람인 것처럼 행세하지만 실제로는 가짜 프로필로 활동하는 컴퓨터 프로그램이다. 이런 가짜는 너무나 진짜 같아서 실제 프로필과 구분하기가 어려울 정도이며 딥페이크를 통해 더욱 진짜처럼 꾸민다. 프로필 사진을 만들기 위해 일부 인공지능 알고리즘을 사용하기도 하는데 이런 프로필 사진은 실존 인물의 사진을 도용하는 게 아니라 하나밖에 없는 새로운 얼굴을 만들어내는 것이다.

나도 얼마 전에 이런 페이크 봇의 타깃이 된 적이 있다.

있어 보이는 나를 만드는 법

어느 날부터 인스타그램에 상당히 규칙으로 나를 비방하는 포스팅이 올라왔다. 나는 그 사람의 이름은 물론이고 얼굴도 몰랐다. 다른 사람을 괴롭히는 게 그 사람의 유일한 목적 같았다. 이런 경우 해결책은 간단하다. 차단하거나 해당 플랫폼 운영자에게 신고하면 좀 더 신속하게 막을 수 있다. 또한 나는 퍼스널 브랜딩이 이런 거짓 프로필과 비방 활동에 맞서는 답이 될 수도 있다고 생각한다. 소셜 미디어에서 자신과 교류하는 사람들을 개인적으로 모두 알고 있다면 이런 소셜 봇과 딥페이크는 발을 붙일 수 없기 때문이다.

퍼스널 브랜딩은 자기 자신에게 긍정적인 비전을 심어줄 수 있다. 하지만 이를 위해서는 스스로 중요한 역할을 해야 한다. 증오로 가득 차서 부정적인 감정과 상태를 요란하게 표현하려는 사람들은 인터넷이 제공하는 새로운 기회들을 집중적으로 이용한다. 그러므로 이런 사람들이 디지털 공간을 잠식하지 못하도록 긍정적인 공간으로 만들어가야 한다.

많은 사람이 온라인과 오프라인에서 자기 자신을 이해하고 내가 보는 나와 타인이 보는 나를 제대로 인식해야 한다. 그리고 소통과 상호작용에 대해 알아야 한다. 그래야 소위 말하는 새로운 위험에 수월하게 대처할 수 있고 자신의 삶도 더욱 성공적으로 만들어갈 수 있다. 디지털 공간을 자신의 입맛에 맞게 악용하려는 사람들에게 넘겨주어서는 안 된다. 자기 자신을 조금만 더 주체적으로 대한다면 개인뿐만 아니라 사회 전체가 승리할 수 있다.

나의 도전 1 내가 내세우고 싶은 주제를 찾아라

첫 번째 도전은 두 단계로 이루어져 있다. 이론적인 단계와 실천적인 단계이다. 이론적인 단계에서는 우선 현재 상태를 파악해야 한다. 자신이 무엇에 가치를 두는지 생각해보자. 자신이 내세우고 싶은 주제는 무엇인가? 자신의 본질은 무엇인가? 자신의 주제를 선정했는가? 그렇다면 이제 실천으로 넘어가자. 인터넷에서 자신의 이름을 검색해보자! 이름이 나오는가? 자신이 원하는 형태로 등장하는가? 자신이 선정한 주제와 디지털에 나오는 자신의 모습은 관련이 있는가? 내가 만약 당신의 이름을 검색하면 당신이 추구하는 주제가 무엇인지 즉시 알아볼 수 있는가? 당신은 어디서든지 같은 주제를 추구하고 있는가?

● 우리는 이미 의도하든 의도하지 않든 퍼스널 브랜드를 갖고 있다.

● 퍼스널 브랜딩이란 자신이 내세우고자 하는 주제를 정하고 어떻

게 포지셔닝할 수 있을까 하는 질문에 대해 생각해보는 것이다.

● 퍼스널 브랜딩에서 가장 중요한 질문은 '어떻게 하면 나를 가장 잘

상품화할 수 있을까?'가 아니라, '사람들이 나를 생각할 때 가장 먼

저 떠올리는 주제가 뭘까?'이다.

2장 ▶
내 인생의 주제, 어떻게 찾을 것인가?

저는특별한포지션이
없어요

자기공명을 연구하는 물리학자는 확실히 유리하다. 연구하는 분야가 바로 자기 인생의 주제이자 포지션이니까 말이다. 법학이나 의학 분야에서도 자신을 포지셔닝할 전문 주제를 찾는 게 그리 복잡하지 않다. 이런 분야에서 일하는 사람들은 한 단계 더 나아가 "나는 내 전문 분야에서 다른 사람들과 어떤 다른 의견을 갖고 있는가?"와 같은 질문을 해야 한다. 여기에 대해서는 나중에 다시 이야기하겠다.

일단은 다음 질문을 계속 살펴보자. 이렇게 특수한 전문 분야가 아니라 훨씬 더 폭넓은 영역에서는 어떨까? 자신이 내세우고 싶은 주제가 무엇이냐는 질문을 받으면 사람들은 다음과 같은 두 가지 극단적인 반응을 보인다.

"저는 특별한 포지션이 없어요."

"저는 정말 하고 싶은 말이 아주 많고 관심 있는 주제도 정말 많아요."

충분히 이해할 만하다. 대부분의 주제에는 찬성 또는 반대를 지지하는 좋은 주장들이 너무나 많기 때문이다. 그리고 어떤 주제에 집중적으로 몰두할수록 어떤 사안을 바라보는 관점은 더 세분화되고 그럴수록 전체를 다시 하나의 포지션으로 단순화하는 것이 점점 어려워진다. 따라서 어떤 것에 찬성할지 반대할지 결정하는 것은 간단한 문제가 아니다.

식물의 유전자 조작에 찬성하는가 아니면 반대하는가? 인공지능 도입에 찬성하는가 아니면 반대하는가? 이산화탄소 배출량을 줄이는 데 원자력이 효과적인 대안이 될 수 있을까? 디지털화는 일자리를 창출할까 아니면 대량 실업을 일으킬까? 기본 소득을 도입하는 게 맞는 걸까? 맥주 순수령^{맥주를 제조}_{할 때 원료를 맥아, 효모, 홉, 물만으로 제한한 법령-옮긴이}을 폐기하는 데 찬성하는가 아니면 반대하는가?

이런 식의 질문은 끝도 없이 계속 써 내려갈 수 있다. 또한 모든 분야에서 분명하게 대답하기 힘들고 포지션도 확실하게 잡기 어려운 질문들이 있다. 현기증이 날 정도로 다양한 대답이 가능하기 때문에 나는 '무리하지 말자'라고 주문을 건다. 특히 이 주문은 과거에 내가 정치계에 처음 발을 들였을 때 꼭 필요한 조언이었다.

포지셔닝의 기술

솔직히 말하면 나도 처음에는 다르지 않았다. 어떤 사안에 대해 찬성도 하고 반대도 할 수 있는 썩 괜찮은 근거들이 항상 떠올랐다. 내가 확실하게 포지셔닝하는 것이 얼마나 중요한지 깨닫는 데 도움이 된 것은 단상 토론이었다. 그렇다고 해서 지금 독자들에게 당장 단상 토론에 참여하라는 말은 아니다. 하지만 친구들 사이의 토론이나 소셜 미디어의 토론이 단상 토론과 같은 역할을 할 수도 있다. 어쨌든 내게는 그런 토론 행사가 결정적이었다. 아주 일찍부터 대중 앞에서 강제로 토론해야 했기 때문이다. 특히 내 견해와 정당의 견해가 달라도 정당의 정책을 대변해야 할 때도 있었다. 그때 느낀 모순은 나의 진짜 포지션과 '단지' 정당의 포지션이 무엇인지 정확하게 검토하도록 도와주었다.

청년 자유주의자Junge Liberale, 독일 FDP의 청년 정치 조직 - 옮긴이에 가입한 첫 주부터 이를 아주 철저하게 배울 수 있었다. 정기적으로 작은 회의실에 모여서 토론을 했다. 온갖 것을 다 토론했다. 자신의 토론 능력과 포지셔닝을 시험하고 강화하는 일종의 토론 클럽이라고 생각하면 될 것 같다. 때로는 거시적인 것에 대해 토론을 벌이기도 하고 또 때로는 아주 사소한 것에 관한 토론을 벌이기도 했다. 카이저 거리에 새로운 연석을 깔아야 하는가? 찬성 아니면 반대? 지하철 이용 승객들에게 더 많은 혜택을 주어야 하는가? 찬성 아니면 반대? 이렇게 자신의 의견을 내고 마지막에는 항상 표결했다. 막상막하의 결과가 나오면 자신의 의견에 대한 근거를 계속 이야기하고 대변해야 했다.

여기까지는 그래도 괜찮았다. 이런 토론 연습을 청중 앞에서 다시 한번 반복해야 하는 것이 그다음 넘어야 할 산이었다. 처음에는 알지 못했다. 시큰둥한 청중과 관객이 있는 것과 없는 것의 엄청난 차이를. 이후 나는 대중 앞에 서는 것을 좋아하지 않는 사람들이 이해되었다. 많은 사람 앞에서 내 주장을 펼치려면 먼저 나 자신을 이겨내야 했고 이런 상황에 익숙해지는 데 수년이 걸렸다.

대중 앞에서 얘기하는 것이, 특히 나에 대해 이야기하고 내 의견을 밝히는 게 어려웠던 이유는 아무런 준비가 안 되어 있었기 때문이다. 내가 어떤 의견을 가졌는지 가늠해볼 만한 잣대가 없었다. 학교에 다니면서 그런 상황을 겪어보지 못했고 내 주장을 이야기하고 방어하는 방법도 배우지 못했다. 그리고 나에게 쏟아지는 비판에 대처하는 것은 더더욱 힘들었다. 일단 어느 쪽이든 입장을 밝히면 공격당하기에 십상이기 때문이다.

내 의견에 싫은 내색을 하는 사람들이 있다는 사실을 받아들여야 했다. 노골적으로 침묵하거나 고개를 젓는 사람들도 견뎌야 했다. 그리고 내가 얘기하고 있는데 강연장을 나가버리는 사람들도 있었다. 사실 나는 이런 사람들 때문에 가장 힘들고 괴로웠다. 아니다. 이보다 날 더 힘들게 한 사람들은 강연 도중 조는 부류였다! 나는 지금도 청중 중에 눈이 점점 감기는 사람들이 가장 먼저 눈에 확 들어온다.

사람들이 이런 행동을 하는 것은 모두 나 때문이라고 생각했다. 강연을 듣다가 조는 것은 내가 지루하기 때문이라고 확신했다. 과도한 업무량 때문에 피곤해서 꾸벅꾸벅 졸 수도 있는데 그렇게는 전혀 생각하지 못했다.

있어 보이는 나를 만드는 법

정당, NGO 또는 토론 클럽 같은 곳에서 활동해보자. 비교적 너그러운 분위기에서 자신의 주장을 펼치는 법을 배울 수 있다.

꼭 전문가만 자기 포지셔닝을 할 수 있는 것은 아니다

내가 토론 행사에 참석하면서 깨달은 게 하나 있다. 어떤 특정 문제에 대해 나보다 훨씬 더 오래, 훨씬 더 집중적으로 생각해 온 사람들이 있다는 것이다. 물론 특정한 전문 주제를 완벽하게 알아야만 자신의 포지션이 확실해지는 것은 아니다. 그리고 지금은 나도 이 사실을 알고 있다. 때로는 특정한 주제의 상위 주제를 다루거나 '메타 주제'를 다루는 것만으로도 충분하다. 예를 들면, 당신이 역사 교사이고 좀 더 자신을 드러내고 싶다고 하자. 이때 당신은 역사와 관련된 주제만 다룰 필요는 없다. 이보다 상위 주제, 즉 교육을 다룰 수도 있다. 독일의 교육 시스템은 어떠한가? 교사들의 역량 강화를 위해 필요한

있어 보이는 나를 만드는 법

것은 무엇인가? 디지털 교육의 현주소는 어떠한가? 이런 것들을 다룰 수 있다.

나도 처음에 내 포지션에 대해 집중적으로 고민할 때는 나를 보여줄 특정한 주제가 무엇인지 도무지 찾을 수가 없었다. 솔직히 말해서 대학 전공 지식도 제대로 아는 게 아니어서 그것을 실행 과제로 삼을 수는 없었다. 그리고 깊이 파고들고 싶을 정도로 매력을 느낀 특별한 분야도 없었다. 그 대신 나의 강점은 예전부터 그냥 다방면에 박학다식하다는 것이었다. 어떤 내용이나 주제를 빠르게 파악하고 숙지했으며 내가 말을 하면 사람들이 감탄하고 흥미로워했다. 그런데 이런 강점들은 네트워킹에 아주 적합했다. '괴테의 잃어버린 법학 논문과 그 복원' 같은 아주 전문적인 주제는 아니었지만 나를 대변할 수 있는 주제였다.

많은 사람이 '가벼운' 주제도 포지셔닝에 적합하다는 사실을 간과한다. 오늘날에는 한 분야의 전문 지식보다 다방면의 지식이 더 중요하다. 과학의 발전으로 기술과 정보의 업데이트 주기가 점점 더 짧아지고 있기 때문이다. 그러므로 자신의 관심사나 성향에 꼭 맞는 주제를 찾지 못했다고 두려워할 필요는 없다. 오히려 자신에게 꼭 맞는 주제가 자기를 포지셔닝하기 어렵게 만들거나 최악의 경우에는 막다른 골목으로 몰

수도 있다.

   따라서 자신에게 꼭 맞는 주제를 찾지 못했다고 절망할 필요는 없다. 세월이 흐르면 포지셔닝도 변할 수 있다. 열린 마음으로 유연하게 생각하는 게 중요하다. 경직된 자세로 자신의 전문 주제만 붙들고 있다 보면 신뢰도 주지 못한 채 논쟁거리 주제들을 대변해야 할 수도 있다.

> 새로운 것을 만들어낼 필요는 없다. 한 번도 들어본 적 없는 새로운 가설을 세워야 하는 것도 아니다.

있어 보이는 나를 만드는 법

'내 인생의 주제'를
찾는 법

다음 세 가지 단계를 참고하여 '내 인생의 주제'를 정해보자.

1단계 목표를 정한다. 5년 혹은 10년 후에 어떤 모습이 되고 싶
은지 생각해보자. 다른 사람들에게 어떤 사람으로 기억되고 싶
은가? 다른 사람들이 당신을 생각할 때 무엇을 가장 먼저 떠올
렸으면 좋겠는가?

2단계 나만의 고유한 특징이 뭔지 생각해본다. 내가 다른 사람
과 다른 점은 무엇인가? 자신의 타고난 재능이 무엇인지 생각
해보자. 남다른 지식과 능력이 있는가? 무엇에 열정적으로 관
심을 쏟고 있는가?

3단계 내 인생의 주제를 생각해보고 실행 과제를 정한다. 매일 매일 자신의 주제를 발전시키기 위해 무엇을 해야 하는지 생각해보자.

자, 이 단계를 걸쳐서 자신의 주제를 정했는가? 일단 주제가 정해지면 본격적으로 시작하면 된다. 자신의 주제를 가지고 세상으로 나가는 것이다. 나의 경우 '네트워크를 결성하는 것'을 주제로 정한 후 여기에 대해 집중적으로 연구하기 시작했다. 네트워크는 어떻게 구성되어 있는지, 사람들이 어떤 식으로 접근하고 있는지 알고 싶었다. 잘 굴러가는 것은 무엇이고 그렇지 못한 것은 무엇인가? 다양한 네트워크 포맷 중에 나는 어떤 것에 특히 관심이 있는가? 이렇게 연구를 거듭하다 보니 나만의 네트워크를 만들고 싶어졌다. 특히 나를 자극한 것은 내가 원하는 이상적인 네트워킹 포맷이 아직 없다는 점이었다.

세상에는 주제로 삼을 만한 것들이 우리의 생각보다 무궁무진하다. 최대한 많이 시도해보고 실험해봐야 한다. 퍼스널 브랜딩은 철저한 계획만으로 되는 게 아니다. 때로는 실패도 필요하다. 마음을 열고 계속 시도하는 게 중요하다. 특히 처음에 자신의 포지셔닝을 위한 토대를 닦을 때 결단력과 용기,

있어 보이는 나를 만드는 법

인내심이 아주 중요하다. 장기적으로 볼 때도 그럴 만한 가치가 있다. 먼저 첫발을 떼는 데는 많은 결단력이 필요하다. 어떤 주제를 확고히 정하고 그것을 위해 나서야 하기 때문이다. 그리고 용기도 필요하다. 선택한 주제를 지속적으로 대변하면서 자신의 노선을 유지해나가야 한다. 그야말로 도전이 될 수 있다. 마지막으로 인내심을 가지고 반복해서 계속 이야기해야 한다. 논리적 근거를 대고, 반대 의견에 맞서 방어하면서 자신의 주장을 굳건히 지켜나가야 한다.

사람들의 관심을 끌기 위해 도발하듯이 뭔가를 주장하는 사람들이 있는데, 이때 그 주제와 관련 있는 문제들이 무엇인지 더욱 분명하게 드러난다. 이유가 무엇이든 중요한 것은 균형을 잘 맞추는 것이다. 사람들에게 과감한 논쟁거리를 던지는 것은 얼마든지 가능하다. 예를 들어, 얼마 전에 내가 Y세대 1980년대 초반부터 2000년대 초반 사이에 출생한 세대에 대해 비판하자 많은 의견이 쏟아졌고 반발도 많았다. 물론 나도 사람들이 워라밸을 원한다는 것을 알고 이해도 한다. 하지만 누군가는 그 워라밸 뒤에 남겨진 일을 할 수밖에 없다.

Y세대에 속하는 많은 사람들이 내 글에 많은 댓글을 달았고 자신들의 생각을 이해시키려고 노력했다. 이들은 헬리콥터 부모 밑에서 사회화 과정을 겪었고 고등학교식 시스템 속

에서 대학 생활을 했다. 이런 점을 고려하면서 생각해보니 이 세대가 더 많은 자유와 개인의 선택권에 목말라하는 이유를 이해할 수 있게 되었다. 물론 이런 깨달음이 나의 기본적인 입장에 변화를 주지는 않았지만 조금 더 열린 태도를 갖게 만들어주었다.

TV 토론 프로그램에서 정치인들은 서로 물고 뜯는 것처럼 보이지만 카메라가 꺼지면 함께 맥주를 마시면서 친근하게 대화를 나눈다. 격렬한 논쟁과 주장으로 우열을 가리려는 것은 그냥 의례적인 일일 뿐이다. 그런데 이렇게 할 수 있으려면 자신의 포지션이 명확해야 한다.

퍼스널 브랜드는 사람들의 감정을 자극한다. 반발을 불러오든 동의를 불러오든 사람의 마음을 건드린다.

있어 보이는 나를 만드는 법

내가 보는 나와
다른 사람이 보는 나

자신의 브랜드 핵심을 정하는 데 도움이 되는 여러 방법이 있다. 그중 두 가지 방법을 간단하게 설명하겠다. 첫 번째 방법은 내가 보는 나와 다른 사람이 보는 나를 비교해보는 것이다. 교집합이 있는 두 개의 원을 상상해보자. 한쪽 원에는 내가 바라보는 나, 다른 원에는 다른 사람이 보는 나의 모습이 들어간다. 그리고 교집합에 들어 있는 거, 즉 내가 보는 나와 다른 사람이 보는 나 중 겹치는 내용이 나의 브랜드 핵심이 될 수 있다.

타인이 바라보는 나는 아주 중요하다. 우리 시대 최고의 브랜드 전문가인 보조마 세인트 존Bozoma Saint John, 넷플릭스의 최고 마케팅 경영자 ─ 옮긴이도 이 부분을 강조했다. 보조마 세인트 존은 애플 뮤직을 성공시켰을 뿐만 아니라 우버에서 최고 브랜드 책임자로 활약했고 현재는 윌리엄 모리스 인데버에서 최고 마케팅 경영자로 활동하고 있다. 그는 "가장 친한 친구보다 더 좋은 치어리더는 없다. 만약 용기를 북돋아줄 친구가 없다면 새로운 친구를 찾아라"라고 말할 만큼 곁을 지켜줄 사람의 존재를 중요시했다. 만약 곁에 이런 친구가 있다면 그에게 당신의 모습에 대해 조언을 구해야 한다.

또 퍼스널 브랜드를 정할 때는 그것이 미칠 영향력에 대해서도 미리 생각해봐야 하고, 어떤 부분을 강조할지도 신중하게 생각하고 움직여야 한다. 바로 이런 것들이 사람들의 입에서 입으로 전달되는 것들이기 때문이다. 경험이나 이력, 그동안 한 일보다 당신의 이름을 듣고 사람들이 맨 먼저 떠올리는 생각, 즉 평판에서 퍼스널 브랜드가 나오기도 한다. 그러므로 다른 사람이 나를 어떻게 보고 있는지, 그들의 머릿속에 나는 어떻게 각인되어 있는지를 살펴야 한다. 왜냐하면 바로 그것이 나의 브랜드 주제가 될 수 있기 때문이다. 다른 사람의 시선을 통해 의식적으로든 무의식적으로든 자신이 어떤 모습을 보여주고 있었는지를 알아보자. 그리고 그 내용을 다음 원 안에 적어보자.

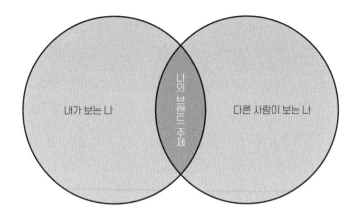

'다른 사람이 보는 나'와 '내가 보는 나'는
자신의 브랜드 주제를 알아내는 데 도움이 된다.

나는 나만의 고유한 특징을 찾는 데 주로 질문 기술을 사용한다. 다음 세 영역에서 자신의 강점을 찾아보자.

— 타고난 재능은 무엇인가?

— 어떤 특별한 전문 지식이나 능력이 있는가?

— 무엇에 열정적인 관심을 쏟고 있는가?

자신만의 고유한 특징은 대체로 이 세 가지 질문 중 하나에서 나온다. 물론 혼합도 가능하다. 자신의 재능이나 타고난 소질이 무엇인지 모르겠다면 가장 친한 친구나 가족에게 물어보자. 이들이 가장 먼저 말하는 내용이나 자주 이야기하는 특징이 있을 것이다. 직업 훈련, 대학교 또는 직장에서 얻은 전문 지식과 능력도 자신만의 고유한 특징이 될 수 있다. 그리고 마지막으로 자신이 열정적으로 관심을 쏟고 있는 게 무엇인지 생각해보자. 환경 정책에서 인공지능까지 모든 게 가능하다.

이 세 영역은 자신의 브랜드 핵심을 만드는 데 아주 적합하다. 물론 이게 만병통치약은 아니다. 그저 보조 수단이라는 점을 명심하기 바란다. 다른 사람들이 보는 나의 모습에 지나치게 의존하면 어떻게 되는지 이미 앞에서 이야기했다. 어떤 주제로 포지셔닝할지는 결국 자신이 결정해야 한다. 그래도 자신이 신뢰하는 사람들의 의견을 들어보는 것은 중요하다. 멘토 또는 스파링 파트너는 자기 자신을 비판적인 시각으로 볼 수 있도록 하며 실수를 막는 데 도움이 된다. 수채화 그리기를 좋아하는 것과 그런 재능이 있는 것은 다르다. 그래서 타고난 재능이 뭔지를 가장 먼저 질문하는 것이다. 이 재능이 기본적으로 직업적인 커리어를 쌓는 데 좋은 토대가 된다.

어떻게 해야
내 말에 귀 기울일까?

내 인생의 주제를 정했다면 그다음은 그 주제를 어떻게 가장 잘 드러내느냐이다. 말하고 싶은 내용을 들고 타깃으로 삼은 집단에 다가가야 할까? 사실 내용 자체는 결정적인 게 아니다. 단 한 사람만 알고 있고 단 한 사람만 구현해낼 수 있는 지식은 거의 없기 때문이다. 다시 말하면 이론적으로 수백 명의 다른 사람들이 당신이 말하고 싶은 내용을 수백 번도 넘게 매일 떠들어댈 수 있다.

다른 사람들도 비슷한 생각을 한다는 사실이 어쩌면 조금 다행인지도 모른다. 일단 다른 전문가들에게 혼자 대항할 필요가 없기 때문이다. 이때 해야 할 일은 '어떻게 해야 주변의

인맥과 네트워크가 내 말에 귀를 기울일까'를 생각하는 것
이다.

이때 목소리의 어조와 울림이 중요하다. 자신만의 주제로 타
깃 집단에 성공적으로 파고들려면 어떻게 해야 할까?

있어 보이는 나를 만드는 법

도발은 상황에 따라
적절하게

사람들의 이목을 끌기 위해 도발 전략을 사용해야 할 때가 있다. 물론 도발 전략은 그 자체가 목적이 될 수는 없다. 하지만 상황에 따라 전략적으로 사용할 수는 있다. 이를 테면 판도라의 상자를 여는 것과 같은 효과가 나올 수 있는데, 도발 이후 쏟아지는 다른 사람들의 반응과 역풍을 견딜 수 있어야 한다는 말이다. 이것은 성향의 문제다. 조용한 것을 좋아하고 반대와 비판을 잘 감당하지 못하는 사람이라면 도발 전략을 자제해야 한다.

그런데 도발 전략이 반드시 필요할 때도 있다. 예를 들어 어떤 소셜 네트워크에서 이미 너무 오랜 시간 활동했다면 커뮤니케이션 전략을 바꿔야 할 때가 있다. 이미 많은 팔로워가 있고 포스팅도 하루에 몇 번씩 할 경우, 단 하나의 어떤 활동이 큰 의미를 갖기 힘들다. 이럴 때는 도발 전략을 이용할 수 있다. 매일 쌓이는 수많은 메시지 속에서 돋보이도록 말이다.

지금 도발 전략이 정말로 필요한지 한번 생각해보자. 만약 자신의 입장이 확실하다면 도발 전략보다는 메시지를 간결하게 전달하는 것으로 더 많은 것을 얻을 수도 있다. 특히 도발 전략은 여러 번 사용하면 그 효과가 떨어지기 때문에 가장 결정적인 단 한 순간 신중하게 사용해야 한다.

있어 보이는 나를 만드는 법

이목을 끌고 싶다면
반복하라

다른 사람의 기억 속에 남고 싶다면 자신의 메시지를 반복해야 한다. 그래서 정치계에는 암묵적인 룰이 있다. 정치인이 특정 주제와 자신을 연관 지어 떠올리게 하려면 유권자에게 핵심적인 메시지를 최소한 열한 번 이상 들려줘야 한다는 것이다. 그래서 정치인들은 선거에서 똑같은 메시지를 마치 기도문처럼 반복한다.

그런데 퍼스널 브랜딩도 이와 아주 비슷하다. 반복은 자신의 주제를 다른 사람들에게 각인하는 좋은 수단이다. 하지만 도발과 마찬가지로 반복에도 단점이 있다. 때로는 자신조차 듣기 싫을 때가 있다는 점이다. 나는 최선을 다해서 나의 주제를 반복해서 말한다. 그러다 보니 언젠가부터 처음부터 끝까지 줄줄 외우게 되었다. 물론 대답과 말을 다양하게 하려고 노력하기는 한다. 새롭고 흥미로운 것을 발견하게 되면 즉흥적으로 덧붙이기도 한다.

메시지가 진부하지 않고 신빙성 있게 들리려면 어느 정도 상상력과 다양한 표현이 필요하다. 그래도 혹시나 반복되는 메시지에 다른 사람들이 짜증을 내는 것은 아닐까 걱정될 때도 있다. 얼마 전에 이런 생각이 문득 들어서 남편 마르코에게 물어본 적이 있다.

"내가 계속해서 똑같은 주제를 이야기하는데 슬슬 짜증 나지 않아?"

"알리체 슈바르처독일에서 여성운동의 대중화를 이끈 대표적인 인물 – 옮긴이나 달라이 라마를 봐. 몇 년째 똑같은 주제로 강연을 다니고 있잖아. 아무도 뭐라고 안 하잖아."

남편의 이 말은 내 뇌리에 아주 오랫동안 남았다.

자신마저 자신의 말이 지긋지긋해지는 순간을 위해 세 가지 팁을 개발했다.

사람들이 반복되는 이야기에 지친 것 같은가? 그렇다면

있어 보이는 나를 만드는 법

먼저, 청중을 다시 생각해봐야 한다. 어쩌면 타깃 집단을 확대해야 할 때인지도 모른다. 두 번째는 자신의 주제와 연결된 다른 주제와 관점에 몰두해보자. 때로는 신선한 자극이 된다. 마지막으로 반복 그리고 다양화. 이 둘은 자신이 하고 싶은 이야기를 엄청나게 풍부하게 만들어줄 뿐만 아니라 어떤 주제든 모두 다룰 수 있게 해준다.

'NO'라고 말하는
연습

내가 좀 더 일찍 알았더라면 좋았을 교훈이 있다. 바로 'NO'
라고 말하는 것이다. 어디로 가는지 모르는 사람은 모든 일에
'YES'라고 말한다. 그런데 이런 태도는 모호함을 만든다. 우
리에게 가장 중요한 것은 'NO'라고 말하는 연습이다. 요즘 내
가 하는 일의 대부분은 'NO'라고 말하는 것이다. 나에게 들어
오는 강연, 사회, 원고 청탁, 인터뷰 요청 중에서 약 80%는 거
절하고 있다. 들어오는 행사나 출판물이 흥미롭지 않아서가
아니라 내 브랜드 핵심과 맞지 않거나 희석시킬 수 있기 때문
이다.

'NO'라고 말하는 것은 결코 쉽지 않고 때로는 찜찜하기도

하다. 그래서 시험 삼아 나에게 잘 맞지 않는 요청을 수락한 적이 있다. 그런데 결과는 역시 개운치 않았다. 나와 잘 맞지 않는 것을 하면 나답게 보일 수가 없기 때문이다. 최악은 그런 상황에서 연기를 해야 할 때이다. 나는 연기하는 재주가 정말 형편없어서 운이 좋아야 겨우 평타나 치는 정도이다. 관심이 있다고 무조건 참여해서는 안 된다. 특히 자신의 브랜드를 구축하고 유지하는 일이라면 말이다.

때로는 'NO'라고 말하는 것이 훨씬 이득이 된다. 들어주면 안 되는 부탁을 들어주기보다는 자신에게 충실한 것이 더 중요하다. 'NO'라고 말하면 자신의 브랜드가 명확해지고 동시에 현실감도 유지할 수 있다.

세상에 신데렐라의
요정 할머니는 없다

그렇지만 'NO'라고 거절할 요청조차 들어오지 않는 상황이라면 어떻게 해야 할까? 동기 부여가 잔뜩 되어 있고 아이디어도 넘쳐나는데 이를 보여주거나 행동으로 옮길 방법을 모를 때는 어떻게 해야 할까?

사실 나도 손에 마이크를 쥐고 태어난 것은 아니다. 몇 년 전에 자립해야겠다고 마음을 먹은 다음에야 이런 질문을 하게 되었다. 그리고 '나를 위해 모든 것을 해주는 요정 할머니는 없다'는 사실을 깨달았다. 지금의 나를 있게 한 가장 중요한 깨달음이었다. 아무도 먼저 나를 찾아주지 않는다.

직장에서 누군가에게 이 분야에 전문성이 있으니 이런 프

있어 보이는 나를 만드는 법

로젝트에 같이 참여하지 않겠느냐고 제의를 받는다고 생각해보자. 상상만으로도 짜릿하다. 하지만 특히 여성들에게 그런 일은 일어나지 않는다. 회사에서 승진하고 싶다면 특정 프로젝트나 직책에 자신을 스스로 추천하고 적극적으로 참여해야 한다.

이런 관점에서 보면 소셜 미디어는 최고의 선물이다. 오늘날에는 누구나 자신을 드러내고 목소리를 낼 수 있다. 그렇지만 같은 이유로 소셜 미디어는 도전이 되기도 한다. 그 기회를 이용해야 하기 때문이다. 가능하다면 매일 적극적으로 나서서 자신을 화제로 삼아야만 한다. 자신이 추구하는 게 무엇인지 가장 잘 설명할 수 있는 사람은 바로 자기 자신이기 때문이다. 그리고 안락한 지대에서 벗어나 새로운 영역에 도전하는 일이기 때문에 어느 정도의 용기도 필요하다.

나는 이런 용기 있는 발걸음이 충분히 가치가 있다고 확신한다. 내가 경제계로 옮긴 후 처음으로 참여한 토론도 내가 제안한 것이었다. 당시에 나는 어떤 단체의 대변인으로 일하고 있었고 이벤트 기획을 맡았다. 그래서 토론에 참여할 패널을 추천해달라는 요청이 정기적으로 들어왔다. 원하는 패널의 조건들을 볼 때마다 내가 완벽한 적임자라는 생각이 들었고 왜 아무도 나한테는 제안을 안 하는지 의문이었다. 당시 나는 관련 분야에서 일한 지 5년이 넘었다. 그래서 다음번에는 용기를 내서 직접 나서보기로 했다.

마침내 관련 문의가 들어왔다. 토론에 참여할 적당한 사람이 있는지 물었고 나는 내가 적임자 같다고 말했다. 토론 주제도 '소셜 미디어를 통한 B2B 커뮤니케이션'이었다. 담당자는 깜짝 놀라면서도 그 생각을 하지 못한 것을 민망해하면서 "아, 그렇네요. 그러면 되겠어요!"라고 말했다. 담당자의 반응으로 봐서 내가 지금껏 물망에 오르지 않은 것은 어떤 악의 때문이 아니라는 것을 알 수 있었다.

그때까지 모두 나를 단체의 대변인으로만 바라보고 있었다. 그동안 내가 토론 패널로서 모습을 보여준 적이 없기 때문이었다. 나 역시 그때까지만 해도 브랜드 핵심 같은 것은 신경도 쓰지 않았다. 정치계에 몸담고 정당 일을 할 때는 내 역할이 분명했다. 정치 쪽에서는 모든 역할이 분명하게 나누어져 있기 때문이다.

하지만 경제계로 옮긴 후에는 모든 것이 달라졌다. 나를 새롭게 발견하고 재정비해야 했다. 정치계에서는 여러 가지 주제를 두루두루 다루는 게 중요했다면 이제는 아니었다. 진짜 나 티젠 오나란을 보여주는 주제는 무엇일까? 어떻게 해야 다른 사람들의 기억에 남을까? 이런 결정적인 질문을 항상 마주

있어 보이는 나를 만드는 법

해야 했다. 그리고 나는 퍼스널 브랜딩의 관점에서 이렇게 대답했다.

"그냥 일관성 있게 밀어붙여. 언젠가는 모든 사람이 내가 X라는 주제를 추구한다는 것을 알게 될 테니까. 그전까지는 적극적으로 나를 내세우면서 나아가면 돼."

🔆 나의 도전 2 나라는 브랜드의 핵심을 정해라

종이에 교집합이 있는 두 개의 원을 그려보자. 왼쪽 원에는 자신이 생각하는 자신의 정체성을 적어보자(내가 보는 나). 오른쪽 원에는 친구나 지인 두세 명에게 당신을 생각하면 떠오르는 개념이나 주제를 말해달라고 하여 적어보자(다른 사람이 보는 나). 두 내용 중에서 서로 중복되는 것이 있는가? 축하한다! 그게 바로 당신이라는 브랜드의 핵심이다!

📝 요점 정리

◉ 퍼스널 브랜딩에서 가장 중요한 교훈은 자신이 무엇을 원하고 무엇을 추구하는지 알아야 한다는 것이다. 이때 중요한 것은 주제가 전문적인지, 그렇지 않은지가 아니다. 진짜 중요한 것은 어떤 사안을 바라보는 나만의 유일무이한 시각이다.

- 나의 주제를 반복해서 말하는 게 사람들을 짜증 나게 하는 것은 아니다. 달라이 라마와 알리체 슈바르처 역시 수십 년째 똑같은 주제로 강연을 하고 있다.

- 다른 사람들이 내 말에 귀 기울이게 만들려면 도발 전략과 반복 전략을 써야 한다. 단, 도발 전략은 결정적 순간에 한한다.

있어 보이는 나를 만드는 법

3장 ▶

당신을 특별하게 만드는 것은 무엇인가?

당신의 USP는
무엇인가요?

내 경험에 따르면 많은 사람이 특히 어려워하는 게 있다. 바로 자신을 특별하게 만드는 게 무엇인지 정하는 것이다. 나는 이 점이 상당히 의아하다. 우리 사회에서는 기본적으로 독창적 이고 특별한 것을 높이 평가한다. 텔레비전 프로그램을 비롯한 수많은 매체에서는 남다른 능력과 재주를 가진 사람들을 소개하고 있다. 그런데도 왜 사람들은 자신을 특별하게 만들려고 하지 않을까? 왜 많은 사람들이 자신을 특별하게 만드는 게 뭔지 말하지 못할까?

일반적으로 사람들은 자신이 어떤 큰 틀에 속한 일부라고 생각한다. 그리고 이는 독일 교육 시스템 때문이다. 이 나라에서 교육받은 사람들은 같은 나이의 학생들과 한 묶음으로 묶여서 계속 비교당하면서 성장한다. 발달 상태와 지식은 고려 대상이 아니다. 성적 체계도 각각의 성취를 규격화하고 독창성은 보장하지 않는다. 그리고 지역과 지역, 개인과 개인을 비교하기 위해 배우는 내용도 규격화한다.

그러니까 공교육에서는 독창성을 배울 수가 없다. 물론 그렇다고 해서 공교육 과정을 모두 폐지해야 한다는 뜻은 아니다. 그저 교육 시스템이 낡았고 21세기의 경제와 사회에 적합하지 않은 부분이 많다는 사실을 지적하고 싶을 뿐이다. 지금의 나를 있게 한 지식과 능력은 학교에서 배운 게 아니다. 많은 것을 조금씩 스스로 터득해야 했다.

명료하게 핵심을 짚으면서 주장하기, 프레젠테이션 능숙하게 하기, 남들이 잘 이해하도록 발표하기 등은 기업가, 회사원이라면 꼭 필요한 능력과 기술이지만 학교에서는 가르쳐주지 않는다. 그런데 바로 이런 능력이 퍼스널 브랜드를 구축할 때는 필수적인 것들이다. 자신의 유일무이한 특징이 무엇인지 정하고 표현하는 것은 어떤 사업을 하든 가장 중요하기 때문이다.

'당신의 USP^Unique Selling Point, 그러니까 자신만의 고유한 장점은 무엇인가?'

있어 보이는 나를 만드는 법

이 질문은 다른 여러 질문과 연결된다. 당신이 만든 상품의 특별한 점은 무엇인가? 다른 기업의 상품과 차별성이 있는가? 고객들은 왜 다른 경쟁사 상품이 아니라 당신이 만든 바로 그 상품을 사야 하는가? 당신의 회사는 다른 회사와 달리 특별한 어떤 것을 직원들에게 제공하는가? 바로 이런 수많은 질문들이다. 이 질문들은 결국 단 하나의 질문으로 다시 되돌아온다.

"나를 특별하게 만드는 것은 무엇인가?"

스토리텔링과
독창성

다시 학교 시스템으로 돌아가보자. 자신만의 독창성이 무엇인지 잘 알리려면 반드시 스토리텔링을 가르쳐야 한다. 일단 스토리를 만들어 전달할 수 있어야 한다. 구체적으로는 자유롭게 말할 수 있는 능력을 의미한다. 예를 들면 나는 단 한 번의 보고서 발표로 무사히 학교를 마쳤다. 쪽지에 적어놓은 단어 하나하나를 보고 읽었는데 심지어 점수도 꽤 좋았다. 그러니 제대로 잘해낸 것은 맞다! 하지만 유감스럽게도 이런 탁월한 성적은 학교 졸업 후에 아무런 도움이 되지 않았다. 오히려 그 반대였다. 심지어 손해였다.

　말을 잘하는 능력을 타고난 사람들이 있다. 그런 사람들을

있어 보이는 나를 만드는 법

보면 늘 감탄스러웠다. 가슴에 손을 얹고 솔직하게 말해서 정말 부러웠다. 나는 지금도 기조연설이 힘들 때가 있다. 연단에 오르기 전에 나 자신에게 "대체 왜 이걸 하는 거야?"라고 질문하곤 한다. 하지만 연단에 서서 첫 마디를 꺼내고 나면 다행히 왜 그러고 있는지 알게 된다. 그냥 엄청나게 재미있기 때문이다. 다만 나는 자유롭게 말하는 재미를 뒤늦게 배운 것뿐이다. 연단에서 할 일을 하고 마이크를 든 채로 편안함을 느끼기까지 몇 년이 걸렸다.

그런데 사실 이런 힘겨운 학습 과정은 완전히 불필요한 것이다. 초등학교 1학년 때부터 다른 사람들 앞에서 이야기하는 것을 아주 당연하게 해왔다면 말이다. 길 필요도 없다. 예를 들어 방학 때 무엇을 했는지 이야기할 수 있다. 그런데 방학에 한 일은 어차피 뻔하니까 두 번째 학생 이야기부터는 지루해질까? 절대 그렇지 않다. 방학은 다행히 규격화된 학교 시스템의 일부가 아니다. 그래서 각자의 경험이 얼마나 특별하고 다양한지 금방 깨닫게 된다. 아이들이 모두 같은 여행지에 갔다 왔다고 해도 내용과 관점이 완전히 다르다. 이런 말하기 연습을 통해 어렸을 때부터 자신만의 독창성을 의식하고 이를 말로 표현하는 연습을 해야 한다.

또한 이야기하는 방법에 대한 교육도 시급하다. 개인적인 이야기를 할 때 어떤 기술이 필요할까? 개인적인 이야기와 객관적인 내용의 이야기는 무엇이 다를까? 상대방을 설득하기 위해 어떤 점에 주의해야 할까? 어떻게 하면 관심을 불러일으키고 유지할 수 있을까? 이렇듯 가르칠 소재는 정말 무궁무진하다. 하지만 당장 이런 과목을 가르치지는 않을 것이다. 그리고 가르치게 된다고 해도 그 결과는 다음 세대에나 긍정적인 결과가 나타날 것이다. 그러므로 우리는 계속해서 이런 질문을 해야 한다.

"나를 특별하게 만드는 것은 무엇인가?"

교육 시스템은 새로운 시대에 맞춰서 바뀌어야 한다. 이야기하고 발표하는 기술을 가르쳐야 한다. 그래야 여러 상황에서 자신만의 특별한 점을 쉽게 드러낼 수 있다.

있어 보이는 나를 만드는 법

자신만의 독특한 장점을 찾아라

자신을 특별하게 만드는 특징을 찾다 보면 "남과 다른 점은 무엇인가?"라는 질문을 하게 된다. 그리고 이 질문은 자신의 특별한 점을 찾는 데 도움이 된다. 하지만 이런 접근 방식은 조심해서 사용해야 한다. 모든 규칙에는 언제나 예외가 있기 마련이니까. 만약 역도 올림픽 금메달리스트라면 이 특별한 최고의 성과를 자신만의 특별한 장점이라고 말할 수 있다. 하지만 지금의 소셜 미디어를 보면 다른 사람과 자신을 비교하는 게 사람을 얼마나 불행하게 만드는지를 알 수 있다. 게다가 소셜 미디어의 무분별한 이용과 과도한 사용은 우울증을 유발하기도 한다.[1] 특히 젊은 사람들이 그렇다.

그러니 소셜 미디어와 같은 디지털 기술은 보조 수단으로 사용하는 게 중요하다. 예를 들면 예전 같으면 절대 만날 수 없는 사람들을 만나게 해주는 도구 같은 것으로 말이다.

디지털 플랫폼에서만 움직이는 사람들은 또 다른 함정에 빠지기도 한다. 페이스북, 트위터 등의 알고리즘은 일반적으로 친구가 더 많은 사람, '좋아요'가 더 많이 달린 사람들을 추천한다. 그래서 언제나 다른 사람들의 삶이 더 나아 보이는 것이다. 이는 여러 연구에서 사실로 드러나고 있다.[2]

만약 자신과 다른 사람을 비교하려면 가치 중립적으로 접근해야 한다. 다른 사람보다 잘하는 것이 아니라 자신만의 개성을 드러낼 수 있는 것을 찾아야 한다. 오랜만에 친구나 친척들을 만났을 때 그들은 무엇을 가장 먼저 물어보는가? 특정 주제에 대한 당신의 독특한 견해를 듣고 싶어 하는가?

예를 들어 내가 정치계에 몸담고 있을 때 친구들은 항상 내부자들만 아는 재미있는 얘기가 있는지, 또는 어떤 특정한 사안에 대해 어떻게 생각하는지 궁금해했다. 만약 여행을 많이 다니는 사람이라면 특별한 경험이 많을 테고 자신의 주변에서 일어나는 사건들을 거리를 두고 바라볼 수 있다. 이는 다른 사람과 보는 시각이 다른 것이지 어느 것이 좋고 나쁜 것은 아니다.

있어 보이는 나를 만드는 법

또한 어떤 분야에서 나보다 잘하는 사람은 항상 있기 마련이다. 그렇다고 절망할 필요는 없다. 어떤 주제에 대한 시각과 포지셔닝은 사람마다 다르기 때문이다. 모두 다른 사회화 과정을 겪었고 경험이 다르며 다른 사람과 구별되는 특별한 점이 있다. 바로 이런 점 때문에 강력한 퍼스널 브랜드를 가진 사람이 자신의 주제에 대해 이야기하면 더욱 흥미진진해지는 것이다.

특별한 점을 찾는 것은 경쟁이 아니다. 자신보다 더 독특한 사람은 없다. 다른 사람보다 더 나은 점이 뭔지가 아니라 차별점이 뭔지에 집중해보자.

매번 새로운 것을
만들 필요는 없다

대학에서 경영학을 전공하면서 배운 게 하나 있다. 어떤 학문 분야든지 아직 조명받지 못한 부분이 있다는 것이다. 특정 주제에 대한 연구와 문제 제기는 아직도 무궁무진하다. 길게 늘어선 책장을 꽉 채우고 있는 수많은 책만 봐도 알 수 있다. 이런 현상은 작가들이나 비판적인 논쟁과 전문 분야에 대해 연구하고 출판하는 학문 영역에만 해당하는 것은 아니다. 지난 해 디지털화에 대한 출판물 숫자를 보면 이런저런 질문이 떠오른다. 같은 주제로 이미 많은 책이 나와 있는데 그 책들은 모두 어떻게 다른 걸까? 정말 다른 점이 있기는 한 걸까? 서로 다른 출간일 사이에 새로운 일들이 벌어져서 그렇게 많은 책이 나오는 걸까? 아니면 똑같은 주제로 그렇게 많은 책이 나오는 다른 이유가 있는 걸까? 이렇게 온갖 질문이 떠오르지만 좀 더 자세히 들여다보면 모든 책에는 고유의 색깔이 있다. 어떤 저자는 다른 저자들이 등한시하는 다른 시각을 더 중요하게 여길 수도 있다. 모든 저자는 자신만의 고유한 경험으로 책을 만든다. 좋은 퍼스널 브랜드는 새로운 주제를 만드는 것이 아니라 색다르고 독특하게 보여주는 것이다.

> 퍼스널 브랜딩에서 중요한 것은 주제를 완전히 새롭게 만드는 게 아니다. 같은 주제라도 자신만의 방식으로 보여주는 게 중요하다.

앞에서 이야기했듯이 자신의 특별한 점을 찾는 것은 경쟁이 아니다. 그래서 나는 항상 다른 사람들의 주제를 긍정적으로 바라보며 접점을 찾아보라고 말한다. 특히 다른 사람의 브랜드 핵심과 남과 다른 특별한 점에 대한 것일 때는 그렇다.

나는 비교적 일찍 내가 정말 못하는 것과 잘하는 것이 무엇인지 깨달았다. 다른 사람의 능력이나 지식, 재능을 부러워하는 것은 의미가 없다. 내가 도저히 따라잡을 수 없는 것들이 있다는 사실을 너무나 잘 알고 있기 때문이다. 이런 깨달음을 바탕으로 기업가로서 내가 가지지 못한 재능과 능력을 갖춘 사람들에게 일을 맡기게 되었다. 그래서 그들이 거둔 성공을 함께 기뻐하고 질투 대신 내가 할 일에 대한 동기 부여를 받았다. 비슷한 일을 잘하는 두 사람이 있다고 해도 각자 자신만의 방식이 있다.

> 부정적인 비교를 건설적인 비교로 전환하는 데 성공한 사람은 질투에 사로잡히지 않는다. 오히려 동기 부여를 받고 서로 인정하고 성공하게 된다.

자신만의 특별한 점을 찾는 열쇠는 바로 개인화personalization다. 자신이 추구하는 내용이나 주제에 자신만의 특징을 부여해야 한다. 왜 하필 그 주제에 관심을 가지는가? 여기서 말하는 '개인화'는 관심사가 아무리 추상적이고 전문적인 주제라도 자신만의 특징과 개성을 드러내야 한다는 의미다.

예를 들어 마이 티 응우옌 킴Mai Thi Nguyen-Kim, 독일 유튜브 스타 과학자. 『세상은 온통 과학이야』의 저자 - 옮긴이이나 닐 디그래스 타이슨Neil deGrasse Tyson처럼 강력한 퍼스널 브랜드를 가진 사람들을 떠올려보자.

있어 보이는 나를 만드는 법

이들은 무미건조한 전문 분야인 화학과 천체물리학에 개인적인 특성을 담아서 특별한 것으로 만들었다. 이런 개인적인 측면들이 어떤 특별한 분야와 만나면 흥미를 유발하여 사람들이 귀 기울이게 된다. 나는 이런 분야에 완전히 까막눈이지만 이 두 과학자보다 더 뛰어난 사람들이 분명히 있을 것이다. 하지만 이 두 사람은 개인적인 특성을 이런 주제와 강하게 연결해서 단번에 사람들의 시선을 사로잡았다.

말이 나온 김에 과학 분야 이야기를 계속해보자. 이 두 사람처럼 모든 과학자가 유튜브 스타나 텔레비전 스타가 되어야 한다는 말은 아니다. 지식의 개인화는 학문 세계 '내부'에서도 가능하다. 예를 들어 어떤 사안에 대한 문제 제기가 있었고 그것을 주제로 학술회의가 열렸다고 가정해보자. 첫 번째 강연자의 주제는 '정치와 경제 사이: 지속 가능성과 기후 위기 상황에서 돈과 통화의 역할'이다. 강연자는 공익 보장을 위해 경제와 정치가 함께해야 할 일들을 설명했고 강연도 잘 흘러 갔다. 논거도 명료하고 상세하며 설득력도 있었다. 그렇지만 왜 이런 문제를 제기하는지는 말하지 않았다. 두 번째 강연자의 주제는 '경제와 민주화'이다. 이 강연자는 먼저 수많은 개발도상국에서 지역 화폐를 만드는 일을 주도하며 정치적으로 참여하고 있다고 자신을 소개했다. 이를 통해 두 번째 강연자는 문제 제기에 대한 개인적인 시각을 알려줄 뿐만 아니라 관심 연구 분야와 동기를 분명히 했다. 아울러 청중들은 강연자의 이야기를 더 오래 기억하게 되었고 나중에는 출판물까지 찾아볼지도 모른다. 또한 다른 곳에 초대받을 가능성이 첫 번째 강연자보다 현저히 높아졌다.

> 자신의 주제를 개인화하라. 그러면 상대방은 그 내용을 좀 더 오래 기억하게 된다. 당신이 말하는 내용과 개인적인 시각, 동기를 더 잘 이해하게 된다.

여기서 잠깐 작은 스포일러를 하자면 개인화는 더 나은 커뮤니케이션과 내용의 전달에만 도움이 되는 것이 아니다. 주변 사람들과 동료들에게 접점을 제공하여 팀이나 조직의 협력을 더욱 단단하게 만들며, 가장 적합한 사람에게 특정한 임무나 과제를 신속하게 맡길 수 있다.

자가테스트

누구나 특별히 잘하는 것 하나쯤은 가지고 있다. 그렇다면 이제 구체적인 질문을 해봐야 한다.

"어떻게 해야 주제에 담긴 자신만의 독특한 시각을 분명하게 부각할 수 있을까?"

이 질문에 답하려면 자신이 살아온 이야기와 성격을 잘 분석해야 한다. 다시 말해서 많은 질문을 해야 한다. 나는 무엇으로 유명하지? 남들은 나를 어떻게 표현할까? 내 목표는 뭐지? 왜 그런 목표를 추구할까? 그 주제의 어떤 면이 흥미를 불러일으켰을까? 나에게는 어떤 특별한 특징이 있을까? 정말 내게 '특이한' 부분이 있을까?

내가 번번이 깨닫는 게 있다. 다른 사람의 특별한 점과 독특한 점은 잘 보지만 많은 사람이 자신은 지극히 '평범'하거나 '평균적'이라고 여긴다. 그래서 나는 워크숍에서 참석자들에게 항상 자신의 네트워크, 친구, 파트너, 동료들에게 그들이 보는 나의 특별한 점은 무엇인지 꼭 물어보라고 한다. 이런 대화는 자신이 나아갈 방향을 분명하게 깨닫게 해준다. 목표나 방향이 분명해지면 외부와 소통하기도 한결 수월해진다.

> 개인의 특성이 명확해질수록 소통도 더욱 원활해진다. 따라서 자신이 살아온 이야기와 자신만의 개성을 자꾸 드러내면서 자신만의 독특한 관점과 목표를 설정해야 한다.

자신의 특별한 점을 찾을 때 반드시 생각해야 할 게 세 가지 있다. 타고난 재능, 능력, 관심사다. 먼저, 별 어려움 없이 쉽게 할 수 있는 일들을 타고난 재능이라고 한다. 특별히 노력하지 않아도 성공하거나 쉽게 배우는 분야가 무엇인가? 바로 떠오르는 게 없다면 친구나 가족한테 물어보자. 어쩌면 전략적 사고를 잘한다거나 다른 사람의 말을 잘 들어준다고 말할지도 모른다. 모든 대답을 기록해보자.

있어 보이는 나를 만드는 법

다음으로 능력을 보자. 능력은 이력서에 넣을 지금까지의 특별한 성과들이다. 지금까지 무엇을 배웠는가? 학교에서뿐만 아니라 지금까지 살아오면서 무엇을 배웠는가? 어느 날 갑자기 다른 나라, 아니 다른 대륙의 도시에서 깨어났다고 상상해보자. 생존을 위해 반드시 돈을 벌어야 한다. 직업을 갖는 데 가장 손쉽게 사용할 수 있는 능력은 무엇인가? 이런 질문에 떠오르는 대답을 기록해보자. 그게 바로 핵심 능력이다.

마지막으로 관심사를 살펴보자. 친구 집에 갔다고 상상해보자. 친구 집에는 아주 인상적인 서재가 있다. 친구와 대화를 나누던 중 어떤 책에 관심이 많은지 친구가 묻는다. 어떤 책을 고를 것인가? 어떤 책에 대해 친구와 이야기하고 싶은가? 범죄 추리 소설에 흥미가 있는가? 아니면 영감을 주는 사람들의 전기에 관심이 있는가? 이런 사고 실험에서 가장 먼저 떠오르는 것은 무엇인가? 그게 바로 관심사다.

이런 세 가지 자가 테스트를 통해 자신만의 특별한 점을 찾을 수 있다. 이를 위해서는 충분한 시간이 필요하다. 하루아침에 갑자기 정하는 게 아니다. 다만 세상을 바라보는 고유한 시각이 무엇인지 깨닫는 게 가장 중요하다.

⚙️ 나의 도전 3 한 시간 동안 세 가지 질문에 답해본다

자신만의 특별한 점을 찾기 위해서 한 시간 정도 시간을 내자. 당신의
타고난 재능은 무엇인가? 당신의 능력 중 주목할 만한 것은 무엇인
가? 당신의 관심사는 무엇인가? 이 세 가지 질문에 차분하게 생각해
보고 답해보자. 이 질문에 대한 대답이 분명할수록 그다음에 이어지
는 모든 발걸음이 한결 가벼워질 것이다.

📝 요점 정리

◉ 자신을 특별하게 만드는 것은 무엇인가? 이것은 사실 퍼스널 브랜
  딩에서 가장 어려운 질문 중 하나다.

◉ 세 가지 질문을 통해 자신만의 특별한 점을 찾게 되면 그때부터 퍼
  스널 브랜드가 시작된다.

◉ 어떤 분야에서 주제를 찾든 새로운 주제가 중요한 게 아니라 당신
  만의 독특한 시각이 중요하다.

있어 보이는 나를 만드는 법

4장 ▶

우리 모두는
자기만의 브랜드를
갖고 있다

퍼스널 브랜딩과
소셜 셀링은 다르다

우리 모두는 자기만의 브랜드를 갖고 있다. 이런 주장을 불편해하는 사람들이 많다. 물론 퍼스널 브랜딩이나 소셜 브랜딩 같은 개념은 이미 확고하게 자리를 잡아서 다른 것으로 대체하는 것이 거의 불가능하지만 지금도 논쟁의 여지는 있다. 이런 개념들이 네트워크 마케팅(1장 참고)에서 악용될 수도 있기 때문이다. 또 퍼스널 브랜딩과 관련해서 소셜 셀링^{Social Selling,} <small>소셜 미디어에서 타깃 고객을 발굴하고 기업의 제품이나 서비스의 가치를 알리는 일 - 옮긴이</small>을 말하지 않을 수가 없다. 소셜 셀링은 원래 일종의 유통 방법 중 하나로, 상품 권유나 영업 전화보다는 조금 덜 귀찮게 굴지만 원칙적으로는 비슷하다. 소셜 셀링도 퍼스널 브랜딩과 비숫한 방법을 사용한다. 잠재적인 고객들과 대화하기 위해 소셜 미디어를 이용하고 사람들의 관심을 끌어 입소문을 내려고 애쓴다. 직접적으로 표현하든 아니면 어떤 특정한 주제에 대해 토론하든 방법은 다양하다. 그렇지만 결국 대화의 최종 목표는 상품이나 서비스의 판매다. 내용, 더 정확히 말하면 여기서 나오는 '콘텐츠'는 판매로 끝이 나는 고객 여정Customer Journey의 한 요소일 뿐이다.

내가 이런 방식에 의문을 제기하는 이유는 링크드인, 트위터 또는 칭Xing, 독일 직업 관련 소셜 네트워크 - 옮긴이과 같은 플랫폼에서 이뤄지는 대화와 토론을 왜곡하고 잘못된 방향으로 이끌 수 있기 때문이다. 플랫폼 속 대화를 레스토랑에서 이뤄지는 실제 대화라고 상상해보면 이해하기 쉬워진다. 사람들이 레스토랑에 둘러앉아서 특정 주제 X에 대해 대화하고 있다고 하자. 서로 의견을 주고받는데 한 사람이 다른 사람의 말을 받아서 대화 주제에 맞는 상품을 팔려고 한다면, 기분이 어떻겠는가? 소셜 셀링도 네트워크의 관점에서 봤을 때 이와 흡사하다. 다른 게 있다면 소셜 셀링은 판매 직원이 잠재 고객과 먼저 관계를 구축한다는 점이다. 관계 구축에는 소셜 미디어를 적극적으로 이용한다. 잠재 고객의 관심사와 말이 어떤 특정 상품에 잘 맞으면 이 부분을 적극적으로 언급해서 신뢰 관계를 만들

있어 보이는 나를 만드는 법

어간다. 이런 방법으로 소셜 셀러는 상담자 역할을 맡게 된다.

하지만 이런 식의 접근은 특정 주제나 사람에게 진심으로 관심 있는 게 아니다. 네트워킹은 '기브 앤드 테이크'라는 기본적인 원칙과 서로에 대한 진정한 관심이 있어야만 작동한다. 소셜 셀링과 같은 판매 전략은 트위터나 링크드인 같은 플랫폼의 가치를 떨어뜨릴 뿐이다. 내 친구 중 1/4 정도가 소셜 미디어에서 갑자기 모든 포스팅마다 좋은 상품이 있다면서 나에게 팔려고 한다면 어떨까? 생각하기도 싫다.

물론 자기 자신의 퍼스널 브랜드를 만들고 포지셔닝하는 사람은 넓은 의미로 보면 어떤 방식으로든 스스로를 판매하고 있는 것이기 때문에 소셜 셀링과 같은 맥락인 것도 사실이다. 하지만 퍼스널 브랜딩을 이런 맥락에서만 이해하면 안 된다. 이것만으로는 설명할 수 없는 그 이상의 일을 해내고 있기 때문이다.

사람은 브랜드가
아니라는 말인가?

퍼스널 브랜드는 기업의 브랜드와는 다르다. 브랜드를 대하
듯이 사람을 취급해서는 안 된다. 예를 들어, 기업은 훨씬 더
전략적으로 일을 추진하고 외부 자극과 트렌드에 민감하게
반응해야 한다. 하지만 사람은 이런 과정이 근본적으로 다르
게 작동한다. 누가 성공했다고 해서 무작정 따라 할 수는 없
다. 또 모든 사람이 지금 어떤 특정한 주제에 대해 얘기한다고
해서 거기에 꼭 끼어들 필요도 없다. 특히 자신의 브랜드 핵심
과 어울리지 않을 때는 더더욱 그렇다. 자신에게 어떤 의견이
있어도 때로는 새로운 변화에 대해 말하지 않는 게 나을 때가
있다. 그리고 들어오는 요청과 협력 제의가 아무리 매혹적이

라도 자신의 브랜드 핵심과 맞지 않으면 결국 아무 도움이 되지 않는다.

나는 최근에 누군가가 'NO'라고 말할 때 어떤 기분이 드는지 강렬하게 느낀 적이 있다. '글로벌 디지털 우먼'Global Digital Woman: 저자가 만든 여성 네트워크 - 옮긴이에서는 해마다 디지털 여성 리더상Digital Female Leader Award을 수여하는데 수상자 선정을 위해 심사위원을 찾아야 했다. 그런데 내가 완벽한 심사위원 후보라고 생각한 사람이 거절해서 적잖게 놀랐다. 나중에 이유를 물으니 그분은 자신이 그 분야와 아무런 관련이 없다고 말했다. 이처럼 다양한 요청이 들어와도 자신이 갖고 있는 본래 핵심 주제를 더 확실하게 고수하고 집중하면 된다. 들어오는 대로 다 응하다 보면 언젠가는 번아웃이 되어 자신의 브랜드 주제조차 흐릿해져버린다.

하지만 기업은 다르다. 기업 브랜드는 사람들의 기억에 남으려면 최소한 하루에 세 번은 '반드시' 노출해야 한다. 물론 퍼스널 브랜드도 정기적으로 노출해야 효과가 있다. 하지만 정말 그 사람과 관련된 일에만 그래야 한다.

개인의 브랜드와 기업의 브랜드는 다르다.

물론 여기서는 아슬아슬한 줄타기가 중요하다. 앞에서 이미 말했지만 많은 사람이 퍼스널 브랜딩이라는 주제에 관심을 가지는 이유는 결국 개인적, 사회적, 경제적 성공을 원하기 때문이다. 그래서 기업의 브랜딩과 퍼스널 브랜딩은 분명 공통점이 있다. 하지만 퍼스널 브랜딩에서는 소통 방식과 어조, 개인적인 동기가 가장 중요하다. 만약 내가 그레타 툰베리와 셀카를 찍어 올렸다고 하자. 내가 뭔가를 팔고 싶어서 그런 걸까? 당연히 아니다. 하지만 나는 그 사진을 환경보호, 다양성, 디지털화와 같은 특정한 주제를 이야기하는 데 활용할 수 있다. 이는 소셜 셀링은 아니지만 퍼스널 브랜딩과는 연결되어 있다. 소셜 셀링에서는 판매가 중요하지만 퍼스널 브랜딩에서는 가치가 중심에 있다.

기업의 브랜딩과 퍼스널 브랜딩은 광범위한 영역에서 차이가 있기 때문에 둘을 구분할 필요가 있다. 판매와 상품화가 주목적인 경제 개념으로서 브랜드와 브랜딩에 초점을 맞추는 게 문제다. 경제 개념을 따르게 되면 숫자가 평가의 잣대가 되어버린다. 그렇게 되면 브랜드 가치를 평가할 때 얼마나 자신을 잘 판매했는지만 보게 된다. 여기서 수치가 만족스럽지 못하다면 퍼스널 브랜드가 잘못되었다고 판단해버리는 것이다.

그런데 이런 계측은 퍼스널 브랜딩 영역에는 적합하지 않다.

있어 보이는 나를 만드는 법

퍼스널 브랜딩에는 자신이 왜 그런 주제를 추구하는지 그 동기가 들어 있어야 하기 때문이다. 외부 조건이 반영된 숫자로 표현하게 되면 본질적인 동기가 변해버린다. 그리고 내적인 게 아니라 외부적인 게 되어버리며 그 분야에서 자신의 수고를 외부의 보상에 따라 측정하게 된다.

하지만 신뢰할 수 있는 네트워크, 상호 간의 임파워먼트, 양가주망, 열광 같은 것은 돈으로 측정할 수 없다. 경제적인 관심사가 주된 동기가 되면 최악의 경우에는 이런 영역에서 쏟는 노력이 감소할 수도 있다. 예를 들어 실제로 스포츠 클럽이나 자율 소방대 같은 조직에서는 자원봉사자들에게 돈을 지급하지 않는 게 중요하다. 금전적인 보상을 지급하면 자원봉사자들의 참여가 감소하는 현상이 종종 발생한다.

적합한 사람들에게
도달하는 것이 중요하다

많은 사람이 자신의 소셜 미디어 활동의 성공 여부를 '좋아요' 숫자나 리트윗, 반응 여부로 판단한다. 나 역시 어떤 기사나 주장으로 많은 사람이 반응을 보이면 기분이 좋다. 하지만 여기서도 드러난 숫자의 양이 중요한 것은 아니다. 반응을 보이는 사람들이 정말로 내가 목표로 했던 사람들인지가 더 중요하다. 극단적으로 표현하면 단 한 사람만 반응을 보여도 충분하다. 단, 자신이 목표를 이루거나 뭔가 변화를 도모하는 데 도움을 줄 수 있는, 바로 그 사람이라면 말이다. 반대로 나의 도발적인 트윗에 수천 명이 반응을 보였어도 정작 그중에 내 일에 관심 있는 사람이 전혀 없다면 무용지물이다.

퍼스널 브랜딩에서 중요한 것은 수치가 아니라 이야기다.

사람이 어떤 특정 주제에 관심을 가지고 참여하는 것은 대개 뭔가를 움직이거나 변화시키고 싶다는 소망 때문이다. 그래서 자신이 선택한 주제를 외부로 드러내고 사람들의 의식을 자극하고 반응을 살피며 뜻을 같이하는 사람들과 만나려고 한다. 이런 의미에서 나는 "인플루언서라고 생각합니까?"라는 질문을 자주 받는다. 이 질문에 답하기는 쉽지 않다. 인플루언서는 일반적으로 광고와 관련이 있고 인플루언서 마케팅을 가장 먼저 떠올리기 때문이다.

톱스타든 아니면 마이크로 인플루언서^{일반인 SNS 스타}든 영향력이 엄청나다. 그래서 인플루언서에게는 피상적이라는 비난과 함께 그저 화려함만 좇는다는 의심이 따라다닌다. 이런 문제를 해결하려면 제아무리 피상적인 세계라도 그 속에서 자신을 지켜야 한다. 동시에 어떤 형태든 영향력을 행사하고 있다면 책임감도 가져야 한다. 따라서 자신의 영향력을 항상 선한 일에 사용해야 한다.

나는 보통 인플루언서라고 생각하지 않는다고 말한다. 물론 겉보기에는 인플루언서와 비슷한 점이 있지만 실질적으로 큰 차이가 있다. 예를 들어서 일부 인플루언서처럼 호텔 숙박비를 할인해달라고 요청한다거나 하는 일은 내게 상상도 하지 못할 일이다. "내 지위를 이용해 어떤 일을 개선할 수 있다면 그게 바로 내가 할 일이다"라는 보조마 세인트 존의 말에 동의할 뿐이다.

주목을 끌 만한
나의 '소셜 미'를 찾아라

이제 퍼스널 브랜드와 기업 브랜드의 차이를 좀 더 자세히 살펴보자. 기업의 브랜드와 상품은 구매할 수 있다. 하지만 퍼스널 브랜드에는 귀를 기울이고 의견에 동의하거나 반박해야 한다. 네트워크를 형성하고 함께 어떤 입장을 대변하기도 한다. 이렇게 퍼스널 브랜딩과 연결된 모든 역학은 기본적으로 기업의 브랜딩 방식과 차이가 있다. 그래서 새로운 브랜딩 개념이 필요하다. 나는 지속 가능한 소셜 브랜딩 또는 퍼스널 브랜딩에 적합한 더 나은 개념을 찾으려 노력했고 기발하고 중립적이며 적절한 개념을 하나 찾아냈다. 바로 '소셜 미Social Me'다.

소셜 미에는 네 가지 관점이 중요하다. 얼굴, 목소리, 가시성, 포지션이다. 소셜 미는 자신의 글이 얼마나 퍼져나가는지, 친구나 팔로워 숫자가 얼마나 되는지, '좋아요'를 얼마나 받았는지, 경제적 가치가 있는지 등은 중요하지 않다. 양이 아니라 질이 중요하다. 자신을 드러내서 사람들의 시선을 끌고 자신의 목소리를 내야 한다. 그래서 스토리텔링과 포지셔닝에 초점을 맞춰야 한다. 자신의 이야기를 들려주고 자신의 주제를 전달해야만 자기 자신과 자신이 하고 싶은 일, 추구하는 일이 서로 연결되기 시작한다.

이때 보이는 태도도 아주 중요하다. 자신이 내세우는 주제에 책임 있는 태도를 보여야 하며 주변 사람들이 소셜 미디어에서 어려움을 겪을 때도 나서야 한다. 물론 모든 논쟁에 끼어들라는 말은 아니다. 그런 태도는 자신의 포지셔닝을 위해서도 좋지 않다. 하지만 당신의 지지가 필요하고 더군다나 증오와 몰아가기가 일어나고 있다면 개입해야 한다. 포지셔닝은 어느 정도의 책임을 동반한다! 디지털 세상이든 아날로그 세상이든 마찬가지다.

소셜 미를 그냥 아날로그적인 자아의 디지털 복제물로 이해하면 안 된다. 그렇게 되면 너무 단편적으로 되어버리며 결국에는 모든 노력이 단순한 셀카 쇼가 되고 만다. 소셜 미에서는 더 많은 것이 중요하다. 퍼스널 브랜딩과 소셜 미는 더욱

있어 보이는 나를 만드는 법

포괄적인 개념이다. 디지털 공간에만 머물지 않고 아날로그 세계와 디지털 세계가 항상 공존한다. 두 개의 영역은 서로 영향을 미치기 때문에 별개로 간주해서는 안 된다. 더 나아가 소셜 미는 '나 여기 있어!'라는 단순한 메시지 그 이상이어야 한다. 어떻게 보면 한 끗 차이다. 따지고 보면 셀카에서부터 시작한다고 할 수 있다. 수천 개의 셀카는 아직 퍼스널 브랜딩 전략이 아니다. 그리고 셀카 자체가 좋은 것도, 나쁜 것도 아니다.

나는 셀카에 찬성한다. 하지만 내용이 담긴 셀카여야 한다!

왜 이 셀카를 포스팅하지? 이 셀카로 전달하려는 메시지는 뭐지? 이 셀카에는 누가, 무엇이 함께 들어 있지? 나는 모든 셀카를 볼 때마다 이런 질문을 한다. 그리고 어떤 메시지와 연결할 수 있는 경우에만 셀카를 포스팅한다. 예를 들어 그레타 툰베리와 함께 찍은 셀카는 곧바로 환경보호라는 메시지가 될 것이다.

아주 심하게 잘못된 방향으로 가고 있다는 것을 어떻게 알수 있을까? 항상 주변을 주시해라. 그게 방법이다. 자신의 네트워크가 보내는 피드백을 진지하게 받아들여라. 만약 "저기요, 다른 사람 생각은 안 하시는 거예요?"와 같은 피드백을 받았다면 자신의 소통 방식을 되돌아봐야 한다는 중요한 신호다.

소셜 미디어에서는 자신이 말하고 싶은 주제의 내용을 전면에 내세워야 한다. 그와 함께 개인적인 요소도 강조해야 한다. 여기서 '미^{Me}'에 대한 제대로 된 이해가 중요하다. 홈페이지를 운영하고 트위터나 인스타그램에 프로필을 올리고 인트라넷에서 블로그를 운영하는 것과는 상관없다. 이런 곳에 노골적으로 감정을 표출하고 매일매일 일상을 늘어놓는 게 중요한 것이 아니다. '나의 본질은 무엇인가? 나를 특징짓는 것은 무엇인가? 어떤 주제에 관심이 있고 그 주제에 대한 입장은 무엇인가?'와 같은 질문을 던져야 한다. 자신만의 포지션이 있어야 소셜 미의 개념이 작동할 수 있다. 소셜 미는 결국 퍼스널 브랜딩으로 가는 모든 출발점이다.

"소셜 미는 자신의 모습을 왜곡하지 않고도 가장 좋은 면을

있어 보이는 나를 만드는 법

드러내 보일 수 있다."

소셜 미를 단 하나의 문장으로 요약한다면 이렇게 말하고 싶다. 소셜 미에는 또 다른 욕구가 들어 있어서는 안 된다. 그리고 좋은 면을 보여주기 위해서 자신의 실수와 실패를 부정해서도 안 된다.

근사하기 위해서 자신을 완벽하게 포장할 필요는 없다.

소셜 미를 정의하면서 일부러 디지털 세계나 아날로그 세계를 언급하지는 않았다. 왜냐하면 누구나 어떤 형태로든 디지털 세계에 등장할 수밖에 없기 때문이다. 자신을 드러내고 눈에 띄어야만 기회가 온다.

나는 완전히 아날로그적으로 브랜딩을 경험했다. 단골식당에서 처음으로 네트워크 구축을 시도했고 그야말로 제로에서 시작했다. 첫 만남에서 드는 비용은 전부 다 내 주머니에서 나왔다. 하지만 내게는 사명이 있었다. 나의 경험을 이야기해주고 싶었고, 어떤 이야기가 통하고 어떤 이야기가 통하지 않는지도 궁금했다. 나는 사람들에게 동기를 부여하고 싶었다. 내가 중요하다고 생각하는 주제에 사람들이 관심을 기울이기를 바랐다. 그리고 그 주제를 중심으로 네트워크를 형성하는 게 중요하다는 사실을 보여주고 싶었다. 나는 다양성과 임파워먼트라는 주제가 사람들의 머릿속에 각인되기를 바랐다. 그때 나에게 계속 동기를 부여하고 안주하지 말라고 부추기는 생각이 하나 있었다. 바로 '내 주제를 드러내고 싶으면 나부터 눈에 띄어야 한다'였다.

우리는 자신을 드러내는 것을
새롭게 이해해야 한다

오늘날 자신을 드러내는 일에 디지털 채널을 빼놓고 얘기할 수 없다. 내 이야기가 어디까지 퍼져나갈 수 있을까를 생각할 때 디지털 채널만큼 파급력이 큰 도구는 없다. 숫자의 양이 아니라 지리적 그리고 계급적 범위에서 말이다. 하지만 자신의 소셜 미디어에 책임을 져야 한다는 점을 명심해야 한다. 온라인에서 활동하는 사람들은 흔적을 남긴다. 이 사실을 항상 기억해야 한다. 자신이 남긴 모든 '좋아요', 의견, 포스트가 영원히 저장된다.

우리는 그 모든 활동이 공개적이라는 것을 알고 있고 어딘가를 계속 떠돌아다니며 기록된다는 것을 안다. 하지만 그것의 진짜 의미를 알고 있을까? 자신이 남긴 모든 흔적은 결국 자신에게 다시 돌아온다. 그러므로 그 흔적들은 자기 자신에 맞는 내용이어야 한다. 그래서 나는 소셜 미라고 부르는 것을 좋아한다. 우리는 자기 자신에게서 분리된 추상적인 브랜드가 아니다. 제아무리 최고의 브랜딩을 하더라도 나를 천체물리학자로 만들 수는 없다. 또한 디지털 속 모습은 아날로그 공간에서의 모습과 구분된다. 우리는 자신의 디지털 정체성을 매번 새롭게 만들어가야 한다. 소셜 미디어는 우리의 이러한 과정과 방식에 영향을 미친다. 그리고 디지털 세상으로 나가는 순간, 자신은 다른 사람의 모범이 된다고 생각해야 한다. 그래야 자신을 드러내는 게 가져올 결과를 의식할 수 있다.

자기 자신이 아니라 되고 싶은 모습을 담아서는 안 된다. 디지털 정체성은 자신과 관련 있어야 하고 자신의 가장 좋은 모습을 보여줘야 한다. 우리는 소셜 미디어를 통해 엄청나게 가치 있는 기회들을 얻을 수 있다. 디지털 채널은 거저나 마찬가지고 디지털 채널을 통해 원하는 지식과 정보를 확산시킬 수 있다. 그냥 단순히 한 번 나오고 마는 게 아니라 다른 사람들에게 중요한 주제를 전달하고 롤 모델이 될 수도 있으며 '나다움', 즉 자신의 진정성 있는 모습을 만들어가는 데도 이용할 수 있다.

있어 보이는 나를 만드는 법

나다움을 찾아라

"즉흥성을 발휘하라"라는 말을 듣는다고 해서 바로 즉흥적으로 반응하는 것은 불가능하다. "나다움을 찾아라"도 마찬가지다. 더구나 '진정한 나'는 양날의 검과 같아서 더더욱 힘들다. 의사를 예로 들어보자. 의사가 어떤 일로 기분이 좋지 않다고 가정해보자. 그런데 수술실로 들어가는 그 의사에게 기분이 안 좋은 자신의 모습을 드러내라고 해야 할까? 우리는 의사가 감정을 절제하고 의사답게 행동하기를, 안 좋은 기분을 누르고 훌륭한 의술을 발휘하기를 기대한다. 이처럼 일과 관련되어 있을 경우에는 항상 자신의 본모습을 보이라고 하기는 힘들다. 사람은 한 개인으로 존재하기도 하지만 일과 관련해서 어떤 역할을 맡고도 있기 때문이다.

> 일터에서 자신의 안 좋은 기분을 그대로 드러내는 것은 나다운 모습을 보여주는 게 아니다. 프로답지 못할 뿐이다.

나는 이브로쉐 화장품 매장에서 처음 아르바이트를 했다. 어머니가 그곳 점장과 아는 사이라서 운 좋게 일하게 되었다. 하지만 사실 그곳에서 간절히 일하고 싶었던 것은 아니다. 물론 애타게 아르바이트 자리를 찾고 있었지만 어디서부터 어떻게 찾아야 할지 몰랐다. 그 당시만 해도 나는 특별히 잘하는 게 없었다. 물론 수다 떠는 것은 잘했다. 그렇게 따지면 물건을 파는 일은 내게 맞는 일이었다. 당시 나는 몹시 낯을 가리고 수줍음이 많았지만 그곳에서 아르바이트를 시작했다.

솔직히 판매 사원으로서 내 첫걸음은 몹시 끔찍했다. 처음에 나는 가능한 한 손님들과 접촉을 피하려고 애썼다. 도망치고 싶다는 생각이 마음 저 깊숙한 곳에서 올라왔다. 그리고 실제로도 그렇게 보였고 물건 파는 일도 상당히 미숙했다. 그런데도 그곳에서 4년을 일했고 정말 많은 것을 배웠다. 나는 편안한 안전 지대에서 벗어나 현실을 직시하고 당당하게 맞서

있어 보이는 나를 만드는 법

야 했다. 어쨌든 판매하는 것이 주된 업무이니 말이다.

아르바이트를 하면서 배운 가장 중요한 교훈은 바로 공감이었다. 다른 동료 직원이 훌륭한 롤 모델이었다. 그 직원은 항상 기분 좋아 보였고 환한 미소를 짓고 있었다. 어떻게 항상 기분이 좋은지 정말 의아했다. 얼마 후 나는 비결이 무엇인지 물었다.

"출근하는 순간 프로가 돼야 해요. 다른 건 필요 없어요. 그 외 것들은 손님이나 나한테 전혀 도움이 안 돼요."

그 직원의 말에 나는 다시 물었다.

"그럼 그게 다 연기라는 말이에요?"

"아니요. 연기가 아니죠. 매장 안에 들어서는 순간, 나는 다른 모든 걸 그냥 내려놔요. 여기서 만나는 사람들은 내 사생활과는 아무 관련이 없는 사람들이니까요."

나는 이 말에 깊은 인상을 받았다. 그리고 그곳에서 일한 지 4년이 지나자 나도 무엇이든 팔 수 있는 사람이 되었다. 그러니까 도전은 진짜가 되는 것에 있다. 반드시 진정한 나다움을 보여주는 게 핵심이 아니다. 생각나는 대로 말을 내뱉으라는 의미도 아니다. 진정한 나다움이 무례해도 된다는 허가증은 아니다. 자기 생각이나 기분 상태를 계속 드러내는 게 중요한 게 아니라 자신의 모습이 아닌 것을 연기하지 않는 게 중요하다.

따라서 소셜 미는 자기 자신에게 맞는 의견만을 대변해야 한다. 그리고 자신이 어디에서 어떻게 활동하고 있는지 주의 깊게 살펴야 한다. 맥락에 따라서 자신의 의견이나 옷 스타일, 행동 방식이 다르게 보이거나 부적절해 보일 수도 있기 때문이다.

있어 보이는 나를 만드는 법

자연스러움으로
완벽주의에서 벗어나기

요즘은 진정성 있는 나다움을 빼놓고 퍼스널 브랜딩과 소셜 미디어를 이야기할 수 없다. 하지만 장기적인 시각에서 볼 때 이 표현을 다른 것으로 바꿨으면 좋겠다. 진정성 있는 나다움 대신에 자연스러움이 더 적절한 표현 같다. 얼핏 보기에는 큰 차이가 없어 보일 수도 있지만 내 생각에는 결정적인 차이가 있다.

얼마 전에 NTV 스튜디오에 손님으로 초대받아 갔는데 진정한 나다움과 자연스러움 사이에서 선택의 기로에 놓였다. 늘 그렇듯 녹화에 들어가기 전에 간식을 주어서 맛있게 먹었는데 치명적인 실수를 하고 말았다. 검은색 양귀비씨를 뿌린

빵을 집어 든 것이다! 다행히 녹화에 들어가기 직전에 진행자와 셀카를 찍으면서 치아 사이에 낀 검은색 양귀비씨를 발견했다. 나는 치아 사이에 낀 양귀비씨를 빼고 또다시 셀카를 찍었다. 이제 두 사진 중 어떤 것을 올릴지 결정해야 했다. 결국 양귀비씨가 낀 사진을 선택했다. 그 사진이 훨씬 더 자연스러워 보였기 때문이다. 물론 두 번째 사진도 첫 번째 사진만큼이나 진정으로 나다운 모습이었다. 하지만 대부분의 사람이 이런 경우에 흠이 없는 사진을 선택한다. 나는 검은 양귀비씨가 낀 사진을 올릴 용기를 낸 것이 뿌듯했다. 사진은 나도 깜짝 놀랄 정도로 화제가 되었고 결국 인터뷰에서 이런 질문까지 받았다.

"자신의 최고의 모습을 보여주지 못할 때, 그런 순간에는 어떻게 대처해야 할까요?"

하지만 내가 올린 포스트의 파급력만 놀랍고 기쁜 것이 아니었다. 친근하고 완벽하지 않은 모습을 기꺼이 올린 나의 결정에 지지를 보내는 메시지들에 상당한 감동을 받았다.

나에게 자연스러움은 일종의 선언이다. 나는 "완벽주의에서 벗어나!"라고 내게 말한다. 워크숍 참석자들이 자신에게 맞는 화법을 어떻게 찾아야 하는지 물으면 나는 세계여행을 예로 든다. 세계여행은 지도를 보고 계획을 세우는 것을 넘어

있어 보이는 나를 만드는 법

서 열린 마음이 필요하다. 세계를 여행한다는 것은 자신을 향한 여행이기도 하다. 현지에서 맞닥뜨리는 여러 상황을 통해 자신을 되돌아보기도 하고 뭔가를 결정하기도 한다. 여행하면서 자기 자신과 자주 직면할수록 자신을 더욱 잘 알게 되고 자기 자신도 찾을 수 있다.

퍼스널 브랜딩도 이와 비슷하다. 퍼스널 브랜딩에서도 처음에는 불편한 상황들이 자주 발생한다. 왜냐하면 자기 자신과 계속 직면해야 하고 지금껏 의식하지 못했던 불안한 요소들이 자꾸 드러나기 때문이다. 나는 평소 유머를 좋아하지만 이런 상황에서는 유머를 사용하지 않는 게 좋다고 생각한다. 특히 원래 무뚝뚝한 사람이라면 말이다. 이런 상황에 유머는 부자연스러울 뿐만 아니라 신뢰성도 떨어뜨린다.

여행할 때 모든 결정이 다음 일정에 영향을 미치듯이 퍼스널 브랜딩에서도 모든 결정이 소셜 미의 형태를 만들어간다. 그리고 이때 본질을 잊지 않는 것이 중요하다. 퍼스널 브랜딩은 자신을 완벽하게, 심지어 이상화한 모습으로 만드는 게 아니다. 자신의 이야기를 들려주고 사람들이 관심을 보이도록 하는 것이다. 나는 자연스러울수록 사람들이 더욱 관심을 보일 거라고 확신한다.

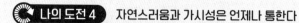

나의 도전 4　자연스러움과 가시성은 언제나 통한다

소셜 미는 주로 얼굴, 목소리, 가시성, 포지션이라는 네 가지 측면으로 결정된다. 단, 이것을 드러낼 때 자연스러움과 가시성이 있어야 한다. 그러기 위한 2단계 원칙을 이야기해보겠다.

1단계　얼굴만큼이나 한 사람의 모습을 결정하는 것도 없다. 프로필에 아바타나 반려동물, 자기 아이들 사진은 피해야 한다. 그리고 회사 로고도 적절하지 않다. 사람은 기업과 같은 상표가 아니다. 소셜 네트워크나 홈페이지의 프로필 사진을 점검해보자. 자신의 모습이 제대로 보이는가? 프로필 사진은 생각보다 자신과 자신의 소셜 미를 훨씬 더 많이 보여준다. 프로필 사진이 혹시 15년 전에 찍은 사진인가? 휴가지에서 찍은 사진인가? 프로필 사진을 통해 다른 사람들과 어떤 이야기를 하고 싶은가? 그 사진을 통해 말하고자 하는 바를 충분히 전달하고 있는지 생각해보자. 그리고 이름을 정확하게 넣어야 다른 사람들이 찾기가 쉽다. 예를 들어 Traktorfan85는 상당히 독특하지만 정체성을 드러내거나 신뢰를 불러일으키기에는 적합하지 않다.

2단계　프로필만으로도 자신의 주제가 뭔지 알게 하자. 여기서도 자연스러움에 신경 써야 한다. 노벨 문학상을 받을 만큼의 수려한 문장을 기대하는 게 아니다. 분량도 소설처럼 길 필요도 없다. 간략하고

　　　　　　　　　있어 보이는 나를 만드는 법

명확한 단어로 추구하는 게 무엇인지, 미래에 이루고 싶은 게 무엇인지를 설명하면 된다.

요점 정리

- 사람들이 퍼스널 브랜드를 적극적으로 구축하지 않는 가장 큰 이유는 자신의 본래 모습이 아닌 다른 모습을 포장해야 할까 봐 불안하기 때문이다.
- 하지만 우리는 이미 사회생활을 통해 자연스럽게 퍼스널 브랜드를 갖고 있다.
- 남들이 나의 퍼스널 브랜드를 제멋대로 평가하기 전에 내가 나의 퍼스널 브랜드를 만들어야 한다. 자연스러움과 가시성이 함께한다면 성공적으로 만들 수 있다.

5장 ▶
나만의 이야기를
1분 안에 들려주기

엘리베이터가 올라가는
1분 안에 설득하기

프로필이 만들어졌으면 이제부터 실전으로 들어가면 된다. 소셜 미디어든 홈페이지든 아니면 아날로그적인 행사든 상관 없다. 이번 장에서는 이런 채널을 사용하는 방법과 자신이 추구하는 주제를 사진으로 이야기하는 방법, 아무 말 없이도 중요한 메시지를 던지는 방법에 대해 배울 것이다. 소셜 미디어에서 가장 특이하고 웃겼던, 인상적이었던 순간들을 들려줄 것이다. 행사에 참여했던 경험도 이야기할 것이다. 그리고 그런 것들을 통해 무엇을 배울 수 있는지 알려주려고 한다.

퍼스널 브랜딩은 자신이 누구이고 어디서 무슨 일을 하는지 그 이상의 것을 보여준다. 자신의 능력, 재능, 취미, 경험,

이야기, 미래에 대한 비전을 다룬다. 이런 모든 면을 보여줘야 다른 사람들과 제대로 연결될 수 있다. 그리고 이때 스토리텔링이 얼마나 막강한 힘이 있는지, 교육과 양육 방식이 이런 능력에 얼마나 강한 영향을 미치는지 한 행사에서 깊이 깨달았다.

나는 25명으로 구성된 국제 대표단의 일원이었다. 독일 대표 몇 명 외에도 미국, 영국, 그 외 다른 나라에서 온 대표들이 있었다. 사회자는 차례로 자기소개를 해달라고 요청했다. 그때 눈에 띄는 점이 있었다. 독일 대표들의 자기소개는 좋게 말해서 짧고 간략했다. 자기 이름과 직업, 회사 이름만 말했다. 반면에 미국과 영국에서 온 대표들은 자신의 능력과 현재 열정을 쏟고 있는 일에 대해 생생하게 얘기했고 지금 하는 일과 엮어서 재미있게 소개했다. 그들은 자신을 어디에 소속된 존재로서가 아니라 한 개인으로서 소개했다.

나는 그렇게 극명하게 자기소개를 다르게 할 수 있다는 것이 신기했고 의문이었다. 그리고 이야기를 하는 방식은 자신이 속한 문화에 강한 영향을 받는다는 것을 깨달았다. 독일 사람들이 퍼스널 브랜드를 구축하려면 스토리텔링 기술을 좀 더 익혀야 한다는 의미였다. 개인으로서 자신을 소개하는 것은 단순히 직업을 말하는 것 그 이상이다. 자신이 진짜로 하는 일은 무엇인가? 무엇을 추구하는가? 스토리텔링은 이런 질문에 대답하고 다른 사람들에게 자신에 대한 이야기를 들려주도록 도와준다. 그리고 다른 사람들에게 친근한 이미지를 심어주기도 한다.

'나는 다른 사람에게 영감을 줄 수 있다.' 항상 이 사실을 생각하자. 새로운 시각과 경험도 줄 수 있으며 새로운 시각과 경험은 표현할 만한 충분한 가치가 있다.

나는 첫 퍼스널 브랜딩 경험도 완전히 아날로그적으로 했다. 정치계에 몸담고 있을 때는 인터넷 활동에 전혀 관심이 없었다. 페이스북이 나온 지 얼마 안 됐을 때였고 아직 많은 사람이 마이스페이스^{Myspace. 2003년에 설립된 미국판 싸이월드 - 옮긴이}에서 활동하고 있었다. 게다가 선거를 치르느라 다른 데 신경 쓸 여력도 없었다. 나는 선거를 치르면서 나의 이야기를 타깃 집단에 제대로 전달하는 게 얼마나 중요한지 배웠다. 어린 시절부터 현재까지의 이야기를 줄줄 읊을 필요도 없고 그래서도 안 되었다. 상황과 맥락에 맞는 적절한 톤과 개인적인 특징을 찾아야 했다.

요즘 기업가로서 회사 설립과 도전, 고충 등을 들어달라는 요청을 자주 받는다. 그러면 나는 다양화, 디지털화, 또는 평소 중요하게 생각하던 주제에 대해서는 이야기하지 않고 대신 개인적인 경험과 일화 등을 들려준다. 그리고 이럴 때를 대비해서 레퍼토리를 만들어놓고 언제든 필요할 때 꺼내 쓴다. 손에 온갖 패를 들고 있는 카드놀이와 비슷하다. 언제 어떤 카드를 빼서 쓸지 그 적절한 순간을 알아차리는 게 바로 기술이다. 이 '순간'은 시간적인 순간만을 의미하는 게 아니라 타깃 집단을 공략하는 데 필요한 공감 능력도 의미한다. 여기에 대해서는 6장에서 브랜드에 맞는 어조를 이야기할 때 조금 더 자세히 다루겠다.

> 청중들에게 가장 중요한 정보가 무엇인지 스스로 질문해보자. 매번 어린 시절부터 오늘날까지의 이야기를 줄줄 늘어놓을 필요는 없다.

퍼스널 브랜딩에서 가장 중요하고 되풀이해야 하는 과제 중 하나가 엘리베이터 피치Elevator Pitch이다. 자기 자신이나 프로젝트, 비전 등을 약 60초 안에 설득력 있고 간단명료하게 설

명하는 것이다. 엘리베이터 스테이트먼트Elevator Statement라고
도 부르며 엘리베이터 안에서 벌어지는 허구적인 상황을 바
탕으로 이름을 붙인 것이다. 당신의 커리어나 인생에 중요한
결정을 미칠 수 있는 '바로 그 사람'이 엘리베이터에 탔다고
상상해보자. 절호의 기회다. 엘리베이터를 타고 올라가는 짧
은 시간 동안 자신을 잘 어필해야 한다. 비전과 목표를 가진
사람으로서 1분 안에 자기 자신을 홍보할 수 있는가?

엘리베이터를 타고 올라가는 동안 인생이 바뀔 수도 있다.
항상 엘리베이터 피치를 할 만반의 준비를 해야 한다.

내 경험에 따르면 이런 상황에서 자유롭게 즉흥적으로 말
할 수 있는 사람은 얼마 되지 않는다. 대부분 긴장과 압박 속
에서 횡설수설하다가 끝나버린다. 그리고 한꺼번에 너무 많
은 말을 하려다 보니 절반은 잊어버린다.

엘리베이터 피치를 자면서도 할 수 있을 정도로 달달 외우고
연습하자.

나를 움직이게 하는 동기에 대해 이야기하기

퍼스널 브랜딩을 주제로 워크숍을 할 때마다 참석자들이 항상 힘들어하는 게 있다. 바로 자기소개다. 나는 참석자들에게 자신의 독특하고 유일무이한 점이 무엇인지 말해보라고 한다. 엘리베이터 피치와 아주 유사한 미션으로 다른 말로 하면 '자신만의 강점Unique Selling Point 이야기하기'다. 자기소개를 제대로 하려면 엘리베이터 피치와 마찬가지로 꼼꼼하게 준비하고 글로 정리도 한 후에 달달 외워야 한다. 그냥 대충 급하게 떠오르는 대로 말하면 횡설수설하다가 끝나버린다. 이 질문을 우리 모두 깊이 생각해볼 필요가 있다. 회사의 경영진이든 사회초년생이든 마찬가지다. 참석자들에게 이 과제에서 어떤 점이 가장 힘들었는지 물어보면 대부분 개인적 측면을 찾는 게 어려웠다고 답한다.

하지만 자기 자신과 자신의 USP를 얼마 안 되는 문장으로 표현하는 것은 시작에 불과하다. 이런 질문이 중요하기는 하지만 내가 하고 싶은 말은 그보다 훨씬 더 나아간 이야기다. 스토리텔링은 항상 퍼스널 스토리텔링이어야 한다. 즉, 어떤 일화를 이야기할 때 그 일이 개인적으로 어떤 경험이었는지를 강조해야 한다. 자신만의 개인적이고도 분명한 관점을 통해서만 자신이 추구하는 것을 구체화할 수 있다. 이야기에서 감정적이고 개인적인 부분은 사람들로 하여금 그 이야기를 오래 기억하도록 만든다.

또한 나는 워크숍에서 링크드인에 올릴 포스트를 구상해 보라고도 한다. 주제는 상관없다. 한 참석자는 현재 관심 있는 분야인 디지털화를 주제로 정했는데, 설명이 아주 상세하고 적절하여 이해하기 쉬웠다.

"노동 분야에서 디지털화가 가속화되면서 일이 자동화되고 있다. 그러므로 직원들은 새로운 지식을 습득해야 한다."

내가 사람들에게 이런 포스트에 반응을 보이고 싶은지 묻자 조용했다. 이럴 때는 '나-메시지'의 형태로 전달해야 한다. 물론 절대로 자기를 뽐내는 내용이 드러나서는 안 된다! '나-

메시지'는 그런 말을 하게 된 동기가 무엇인지를 보여주는 것
이다. 그러면 읽는 사람은 글을 쓴 사람을 움직이는 게 무엇인
지, 이루고자 하는 바가 무엇인지 훨씬 쉽게 이해할 수 있다.

퍼스널 스토리텔링에서는 무엇보다 자신의 관점이 중요하
다! 가능하면 '나 – 메시지'를 사용하자. 그래야 다른 사람들
이 당신을 움직이는 게 무엇인지 알 수 있다.

있어 보이는 나를 만드는 법

내가 나를 추천한다

스토리텔링은 단순히 자신의 이야기나 과거를 창의적으로 재현하고 지식을 전달하는 게 아니다. 스토리텔링은 자신이 마음먹은 것을 이루도록 도와주는 아주 실용적인 도구다. 앞에서 '그냥 내가 나를 추천한다'라는 전략을 소개했다. 이 전략으로 나는 첫 출판 계약을 맺기도 했다.

어느 날 내가 이미 아주 오랫동안 그리고 집중적으로 네트워크를 다뤄왔다는 것을 깨달았다. 실질적인 경험도 많았고 이론적 토대도 갖춰져 있었다. 내 안에서 그 지식과 경험을 나누고 싶다는 욕구가 꿈틀거렸다. 이미 기사나 행사, 트윗, 토론 등을 통해 나누고 있었지만 내 생각과 확신, 경험을 집약적으로 모아서 책으로 만들고 싶었다. 하지만 세상에는 신데렐라의 요정 할머니 같은 것은 없다. 내가 발 벗고 나서야 했다. 아무도 내게 다짜고짜 출판 계약서를 들이밀지는 않을 테니 말이다.

나는 적합한 출판사와 편집자를 물색하기 시작했고 트위터에서 그런 편집자를 찾았다. 내가 이래서 트위터를 사랑한다. 나는 한동안 그 편집자를 지켜봤고 마침내 만남을 성사시켰다. 사실 만남을 위해 끈질기게 매달리고 '질척거렸다.' 편집자가 올린 트윗을 통해 행사 참석차 베를린에 온다는 것을 알고는 용기를 내어 메시지를 보냈다. 매일같이 수많은 사람의 기획안을 받는 것을 알지만 꼭 한번 만나서 나의 기획안을 소개하고 싶다고 썼다. 그때 나는 기획서가 이미 완성되어 있었고 그 주제로 내가 작성한 수많은 기사도 보여줄 수 있었다. 그리고 모든 플랫폼에 있는 내 프로필을 완벽하게 정리했다. 그런데 편집자의 답장을 받고 나는 깜짝 놀랐다. 그는 이미 나를 알고 있었고 계속 지켜보고 있었으며 내가 다루는 주제에 관심이 있다고 말했다.

그런데 이게 스토리텔링과 무슨 상관이지 싶은가? 스토리텔링은 다른 사람들의 눈에 띄게 만드는 가시성을 선사한다. 그것도 본격적으로 뭔가를 시작하기 '이전'부터 말이다. 편집자의 관점에서 보면 더욱 분명해진다. 내가 거창한 소원과 생각, 목표를 가지고 있었다고 해도 스토리텔링과 연결되지 않았다면 가시성이 없었을 것이다. 그리고 그 편집자에게 나는 그냥 모르는 사람이었을 것이다.

> 가시성은 다른 사람들의 눈에 띄게 할 뿐만 아니라 이야기를 전할 토대가 된다. 일관성 있게 이야기를 하다 보면 결정적인 순간에 자연스럽게 다음 단계로 넘어간다.

가능한 한 빠르고 정확하게 자신의 주제를 이해하고 파악할 수 있게 보여주어야 한다. 그래서 상대방이 당신이 어떤 사람인지 알 수 있도록 말이다. 누구에 대한 이야기인가? 그 이야기로 이루고 싶은 것은 무엇인가? 그런 이야기를 하는 동기는 무엇인가? 어떻게 목표에 도달할 것인가? 모든 이야기는 이런 간단한 질문에서 시작한다. 스토리텔링의 관점에서 타깃 집단에 이런 정보를 정확하게 전달하고 어떤 의문도 남기지 않아야 한다.

머리말, 본문, 결말로 이루어지는 전형적인 구성을 스토리텔링에서도 활용할 수 있다. 머리말에서는 '나는 누구인가?'

라는 질문에 대해 짧게 다룬 후 홈페이지나 소셜 미디어 프로
필을 참고하도록 유도한다. 본문에서는 '무엇을 이루고 싶은
가?'라는 질문의 답을 넣는다. 나 같은 경우에는 나의 경험과
전문 지식을 네트워킹 관련 책에 집약하는 것이었다. 결말에
서는 '책을 읽는 사람에게 어떤 도움을 줄 수 있을까?'라는 질
문에 답한다. 구체적인 상황을 만들어서 하고 싶은 말을 하고
독자를 그 이야기 속으로 끌어들여야 한다. 예를 들어 나는 내
글의 주제에 맞는 편집자를 찾아서 일을 진행해나갔다. 하지
만 나의 접촉 시도가 성공한 것은 편집자에게 연락하기 전부
터 내 존재를 알리려 꾸준히 노력해왔기 때문이다. 이렇게 다
져놓은 초석은 나중에 스토리의 일부분이 되었다.

자신의 삶만이 스토리텔링을 통해 퍼스널 브랜딩의 이야깃
거리가 될 수 있다.

있어 보이는 나를 만드는 법

소셜 미디어로
가는 길

처음으로 여성 네트워크를 설립했을 때, 나는 인터넷에서 브랜딩과 스토리텔링에 프로페셔널하게 접근해야 한다고 느꼈다. 여성 네트워크를 어떻게 발전시키고 포지셔닝할지 나 자신에게 질문해봤다. 현재 이름이 '글로벌 디지털 우먼'인데 '디지털'이라는 단어를 광고 문구처럼 내세우고 싶었다. 그런데 솔직하게 말해서 나는 디지털과 한참 거리가 있었다. 나는 기술적으로 아는 게 전혀 없었다. 물론 최선을 다해서 모르는 것을 배우려고 노력했지만 결과는 그리 성공적이지 못했다. 홈페이지를 만들어서 첫 행사 일정을 올리고 신청하라는 공지를 올리자마자 다운됐다. 모바일 최적화 같은 얘기는 하고 싶지도 않다. 나중에야 페이스북이 이벤트나 커뮤니티를 조직하는 데 좋다는 것을 알게 되었다.

그 이후로 나는 모르는 것은 일단 시도해보고 충분히 테스트해본다. 그렇게 해서 나중에는 트위터도 하게 되었고 이제는 자주 이용하고 있다. 하지만 처음에는 프로필을 비공개로 했다. 나의 첫 창조물들이 인터넷에 영원히 떠돌아다니지 않도록 하기 위해서였다. 보호된 공간에서 조심스럽게 여러 시도를 해봤다. 트위터에는 재능이 넘치는 사람들이 놀랍도록 많아서 트위터를 하던 초기에는 따라잡아야 한다는 생각에 압박감이 컸다. 특히 트위터는 다양한 사람의 의견 청취와 수집이 쉬워서 기자들이 많이 이용한다. 그래서 트위터에서 관심을 끌려면 자신감과 자신의 주장을 펼치는 능력이 어느 정도 있어야 한다.

물론 트위터를 의견 전달 외에 다른 목적으로 다양하게 사용할 수 있다. 트위터는 어떤 행사를 할 때 이상적인 라이브 매체로서 안성맞춤이며, 이벤트와는 다른 형태로 특정 주제에 대한 사람들의 관심을 불러일으키기에도 좋다. 트위터는 오프라인 형식과 디지털 확장의 연결이 매혹적인 소셜 미디어이다. 트위터의 세계는 순전히 온라인만의 세상이 아니다. 트위터를 하다 보면 이런 사실에 깜짝깜짝 놀라게 되는데, 특

있어 보이는 나를 만드는 법

히 혼자 있고 싶은 순간에 말이다.

예를 들어 기차를 타고 갈 때 그렇다. 나는 사실 기차 타는 것을 좋아한다. 조용히 누구의 방해도 받지 않고 골똘히 하나의 주제를 생각할 기회가 얼마나 있겠는가? 기차를 타면 글을 쓰거나 강연 준비를 할 수 있고 워크숍에서 할 아이디어도 생각할 수 있다. 어쩌다 기차가 연착이라도 된다면 나에게 정말 꿈같은 일이다. 고속열차 안에서는 휴대전화 수신이 잘 안 잡히고 인터넷 속도도 느리다. 그래서 늦게 도착할수록 그만큼 미뤄둔 작업을 조용히 처리할 수 있다. 사회를 맡은 행사의 준비를 마치거나 미처 답장을 보내지 못한 25개의 이메일에 답장을 보낼 수도 있다. 기차 안에서 누구의 방해도 받지 않고 모두 처리할 수 있다.

나는 기차에 함께 탄 승객들과 거리를 두기 위해서 나름의 방법들을 터득했다. 뚱한 표정을 짓는다거나 헤드폰을 계속 끼고 있거나 단답형으로 대답한다. 이렇게 했는데도 소용이 없을 때는 말없이 자리를 옮긴다. 하지만 이 방법에는 허점이 있다. 내가 '기차 속 일론 머스크'라고 부르는 승객들이 있는데 그들이 이런 허점을 이용한다. 이런 승객들은 능글맞은 트윗을 올려서 나와 접촉을 시도한다. 예를 들면 '@티젠오나란은 지금 당장 술 한 잔이 필요한 얼굴을 하고 앉아 있어요!' 같은 메시지를 남긴다. 이런 메시지 알림을 받고 나면 나의 모든 전략이 효과가 없다는 것을 깨닫게 된다. 소셜 미디어의 힘을 여실히 보여준다고나 할까.

어느 순간부터는 나의 노력이 그만한 보람으로 돌아왔다. 처음에는 내가 대화에 참여할 때 성공적이라고 느꼈다면 나중에는 사람들이 먼저 내게 다가올 때 보람을 느꼈다. 예를 들어 칭 편집국에서 나에게 먼저 연락해서 칭인사이더에 글을 써보지 않겠냐고 제안했다.

이외에도 자신과 자신의 주제를 이야기할 멋진 기회는 많다. 콘텐츠 플랫폼인 링크드인은 자신의 생각을 알리고 싶어하는 모든 사람에게 열려 있다. 주로 세계인을 대상으로 하기 때문에 영어로 작성하는 것이 좋다. 세계를 향한 관문을 찾는 사람이라면 바로 이곳이 제격이다. 미디엄MEDIUM은 긴 텍스트를 전송할 수 있고 쿼라Quora는 사용자들이 질문을 올리면 전문가들이 대답해준다. 물론 항상 말이나 글을 올릴 필요는 없다. 대부분의 플랫폼이 영상을 업로드하거나 라이브로 스트리밍을 하고 사진을 올릴 수 있다. 나는 이런 목적으로 인스타그램을 즐겨 사용하는데 이제는 링크드인과 페이스북도 이런 서비스를 제공하고 있다.

있어 보이는 나를 만드는 법

√ 체크 리스트

나에게 가장 잘 맞는 소셜 미디어 채널은 무엇일까? 다음 사항을 체크해보자.

— 가장 중요한 것은 포커스다. 나는 무엇을 달성하고 싶을까? 내 이야기를 최종적으로 누구에게 전달하고 싶은 걸까? 자기 자신에게 질문을 해보자.

— 채널은 하나면 충분하다. 우선 채널 하나에 집중하자. 만약 선택한 채널에 부족한 부분이 있으면 그때 다른 채널로 확장해보자.

— 마음을 열어라. 때로는 시간이 한참 지나야 자신에게 맞는 채널을 찾을 수 있다. 어떤 채널이 맞지 않거나 진전이 더 없다면 그때 새로운 채널을 시도해보자.

— 자기 자신에게 질문하자. 나는 무엇이 재미있을까? 시각적인 것에 흥미가 있는가 아니면 언어적인 것에 더 흥미를 느끼는가? 긴 글을 쓰는 것을 좋아하는가 아니면 핵심만 간단하게 쓰는 것을 좋아하는가? 어떤 채널이 일상의 동반자로 적합한가?

퍼스널 브랜딩은 꾸준한 것이 관건이다. 적어도 일주일에 한두 번은 적극적으로 활동할 수 있는 채널을 선택하자.

소셜 미디어를 하지 않았다면
나는 지금 이 자리에 없을 것이다

누누이 이야기하지만 퍼스널 브랜드를 구축할 때 디지털과 아날로그가 조화롭게 잘 어우러져야 한다. 그런데 서로 조화를 이뤄야 한다고 해서 소셜 미디어의 역할이 과소평가되는 것은 아니다. 오늘날 브랜딩 활동의 큰 부분이 온라인에서 이루어지고 있다. 그래서 자신의 퍼스널 브랜딩 활동에 이용할 소셜 미디어 채널을 잘 선택해야 한다. 선택의 폭은 엄청 넓고 선택에서 옳고 그름도 없다.

내게는 트위터가 가장 이상적인 채널인데 그 이유를 두 가지 예를 들어 설명하겠다. 얼마 전에 자동차업계의 임원과 커피를 마시게 되었다. 특별한 용건이 있었던 것은 아니다. 나는

있어 보이는 나를 만드는 법

오래전부터 그의 트위터를 팔로잉하고 있었다. 그의 의견에 동의하는 것도 많았고 포스트하는 내용도 흥미로웠기 때문이다. 그 역시 나를 팔로잉하고 있었고 내 포스트에 댓글을 남기기도 했다. 언제 한번 만나자고 해야겠다고 생각했는데, 마침 그의 회사가 있는 도시에 오후에 갈 일이 생겼다. 나는 몇 주 후에 그곳에 간다고 직접 트위터로 연락했다. 잠시 후 내 휴대전화 진동이 울렸다. 그가 곧바로 반응을 보인 것이다. 그는 오래전부터 트위터에서 나를 지켜보고 있었고 먼저 연락해줘서 고맙다고 했다. 그리고 그날 마침 시간이 있고 최근 많은 변화를 겪고 있어서 나를 꼭 만나서 커피를 마시고 싶다고 했다. 나는 이런 순간들이 항상 신기하고 마법과 같다. 만약 아날로그 세계에서만 살고 있었다면 우리는 절대 만나지 못했을 것이다.

> 인터넷과 소셜 미디어는 민주주의의 도구다. 그리고 "누구나 할 수 있다!"라고 약속한다.

트위터의 장점 중 하나는 자신의 생활반경과 아주 멀리 떨어진 사람과도 접촉할 수 있다는 것이다. 서로를 분리해놓은 게 계급이든 아니면 순전히 물리적인 거리든 말이다. 내가 지금 얘기하려는 두 번째 트위터 일화가 바로 그런 경우다. 나는 이 사건을 '일론 머스크 에피소드'라고 부른다. 어떤 특정한 채널을 선택했을 때 무엇이 중요한지 여실히 보여주는 에피소드다.

처음부터 차근차근 이야기를 시작해보겠다. 모든 것은 Fobes.com에서 읽은 하나의 기사에서 시작했다. 미국 여성 기업가가 쓴 글이었는데 다른 여성의 임파워먼트를 위해 노력하는 사람이었다. 그 여성 기업인은 일론 머스크가 한 인터뷰에서 기업가로서의 고충을 얘기하면서 눈물을 주르륵 흘렸다고 했다. 그 기사에서 말하고자 하는 것은 대중은 남자인지 여자인지에 따라 드러낸 감정을 다르게 평가한다는 것이다. 남자의 눈물은 감정을 솔직하게 드러낼 수 있을 정도로 강하다고 받아들이지만 여자의 눈물은 약함의 상징이거나 현재의 정신 상태를 노골적으로 드러낸 거라고 받아들인다는 것이다. 나는 이 내용이 너무 마음에 와닿아서 트위터에 공유했다.

이 모든 일은 기차를 타고 가는 도중에 일어났다. 나는 기사를 포스팅한 후 잠이 들었다. 하지만 휴대전화 진동벨이 쉴 새 없이 울려서 얼마 지나지 않아 깨버렸다. 나는 어리둥절했다. '무슨 일이지? 해킹을 당했나? 다 허위 계정 아니야? 일론 머스크가 답글을 달았나? 일론 머스크가 왜?'

확인해봤더니 내 트위터 계정은 폭발 직전이었다. 수백 명이 내 트윗에 답글을 달거나 리트윗하거나 '마음에 들어요'를 눌렀다. 많은 사람들(일론 머스크의 비판가들)이 나에게 환호를 보냈다. 나는 갑자기 스타가 되어버렸다. 그리고 또 다른 사람들(일론 머스크의 팬들)은 트위터, 인스타그램, 링크드인으로 내게 불만의 메시지를 보냈다. 나는 그들에게 악의 전형이 되어버렸다. 결국 그 트윗은 총 300만 히트를 기록했고 나의 전체 소셜 미디어 활동 중에서 단연 선두에 올라섰다. 이럴 때마다 나는 우리가 얼마나 엄청난 도구를 손에 쥐고 있는지 새삼 놀란다. 그리고 만약 소셜 미디어가 없었다면 과연 내 인생은 어떻게 되었을까 생각해보곤 한다.

당신의 채널,
당신의 규칙

이 에피소드는 나에게 소셜 미디어의 두 가지 측면을 상징적으로 보여주었다. 한 가지는 소셜 미디어가 퍼스널 브랜드를 구축하고 커뮤니케이션을 할 때 가장 효과적인 도구라는 것이다. 그리고 다른 또 한 가지는 SNS에 올린 포스팅 하나 때문에 순식간에 사람들이 등을 돌리기도 한다는 것이다. 이를테면 트윗 하나로 평생의 업적이 한순간에 무너져버릴 수도 있다는 말이다.

그러므로 누구나 자신만의 규칙을 세우고 그 규칙을 엄격하게 지키는 게 절대적으로 중요하다. 예를 들면 나는 일론 머스크와 관련된 트윗의 답글에는 전혀 반응하지 않았다. 긍정

있어 보이는 나를 만드는 법

적이든 부정적이든 말이다. 일론 머스크 개인에 대한 논쟁에
더는 끼어들 필요가 없다고 생각했기 때문이다.

퍼스널 브랜드를 구축할 생각인가? 그렇다면 소셜 미디어를
자신의 목적에 맞게 사용할 수 있도록 자신만의 엄격한 규칙
을 만들어라.

이런 규칙에는 다른 사람들이 당신을 어떤 사람으로 봤으
면 좋은지도 포함된다. 논쟁을 계속 이어가는 사람으로, 아니
면 이런 논쟁을 작은 유머로 끝내는 사람으로 또는 중립적이
며 비즈니스 주제에만 집중하는 사람으로 보기를 원하는지를
말이다. 어떤 채널에서 활동할지, 오프라인으로만 또는 온라
인으로만 활동할지 그리고 이때 어떤 규칙을 따를지는 전적
으로 자신에게 달려 있다.

나의 시그니처 룩을
찾아라

소셜 미를 만드는 모든 것은 소통과 관련 있다. 여기서 많은 사람이 간과하는 것이 있는데 소통은 언어 그 이상을 포괄한다. 자신을 표현하는 방법은 사실 무궁무진하다. 특히 소셜 미디어에서는 비주얼커뮤니케이션이 중요하다. 다른 사람들이 잠깐 시간을 내서 당신의 메시지에 귀를 기울일지 말지 결정하는 것은 찰나의 순간에 이루어진다. 직접 피드를 스크롤하다 보면 자신이 어떤 신호에 주의를 기울이고 어떤 것을 자세히 살펴보는지 알 수 있다.

이와 관련해서 많은 사람이 커뮤니케이션 수단으로서 옷차림을 별로 대수롭지 않게 생각하며 의식적으로 옷차림을 활

있어 보이는 나를 만드는 법

용하는 사람도 많지 않다. 하지만 옷차림의 영향력이 얼마나 큰지는 T-모바일의 CEO인 존 리지어[John Legere]를 보면 알 수 있다. T-모바일은 존 리지어 덕분에 미국에서 자리 잡을 수 있었다. 그의 옷장에는 수많은 마젠타 색깔의 티셔츠와 액세서리가 들어 있을 것만 같고 그 외에 다른 기본 아이템들은 다 검은색일 것만 같다. 다른 옷을 갖고 있으리라고는 상상조차 되지 않는다.

나도 옷차림의 시그널 효과가 얼마나 강력한지 깨달은 계기가 있다. 어떤 행사에서 누군가가 요즘 왜 갑자기 이렇게 다채로운 색깔의 옷을 입느냐고 물었다. 검은색 옷은 그래도 중간은 간다는 확신이 있어서 예전에 주로 검은색 옷을 입었다. 검은색은 '캐주얼'로도 손색이 없고 급할 때는 검은색 옷 그대로 베를린에 있는 클럽도 방문할 수 있으며 비즈니스 룩으로도 문제가 되지 않는다. 하지만 이제는 패션이 조금 과감해졌는데 특별한 경험에서 얻은 깨달음 때문이다.

몇 년 전 젊은 기업가 그룹의 일원으로 미국으로 여행을 갔을 때 클래식한 검은색 비즈니스 룩이 얼마나 무미건조한 옷차림인지 여실히 깨달았다. 우리 그룹은 47개국에서 온 47명의 여성으로 구성되어 있었다. 나는 독일을 대표했다. 하루는 저녁에 '자기 나라를 상징'하는 의상을 입고 행사에 참석해달라는 안내를 받았다. 이유는 알 수 없지만 외국에서는 바이에른주의 전통의상인 디른들^{Dirndl}이 독일의 전통의상으로 통한다. 나는 다른 옷을 챙겨오지도 않았고 꼭 입어야겠다는 생각도 딱히 들지 않아서 그냥 가장 안전하고 보수적이며 틀림없이 가장 지루한 선택을 했다. 바로 검은색 원피스를 입은 것이다. 어떻게 보면 심플하고 단조로운 옷차림이 독일의 전형적인 옷차림이라고 주장할 수도 있었다. 하지만 알록달록하고 화려한 다른 나라의 전통의상 속에서 내 모습이 너무 초라하게 느껴졌다. 그 순간 나는 명확하게 깨달았다. 당장 나의 색깔 팔레트를 확장해야 한다는 것을 말이다.

그 여행에서 돌아온 후 나는 마음에 새긴 것을 조금씩 실행에 옮겨보고 있다. 다채로운 색상의 옷차림에, 심지어 쨍한 립스틱까지 꼭 챙겨 바른다. 이제는 자신만의 의상 스타일을 찾아서 다양한 실험을 해보라는 조언까지 하고 있다. 물론 기업가가 알록달록한 옷을 선택하려면 상당한 용기가 필요하다. 특히 기업 분야에서는 요구하는 게 상당히 보수적이고 특히 여성들에게는 더욱 그렇다. 여성들은 높은 자리에 올라갈수록 옷차림에 대한 주변의 시선이 더욱 까다로워지고 비판도 쉽게 받는다. 리더 자리에 있는 여성은 하이힐을 신어도 될까? 한여름에 민소매를 입어도 될까? 이런 질문이 조금 이상하게 들릴지도 모르지만 현실에서는 상당히 진지한 질문이다.

패션 스타일과 룩은 고정관념에 따라서 전형적인 카테고리로 나뉜다. 경제계든 정치계든 대중 앞에 서는 사람은 패션에 자신이 있는 게 아니라면 관례를 따르는 게 좋다. 특히 각종 행사에서 암묵적으로 요구하는 특정한 의상 코드가 있다. 물론 늘 예외는 있다. 언젠가 토론의 패널로 본에 초대를 받았는데 그곳에서 극명한 차이를 목격했다. 행사에 참석한 모든 사람이 회색 옷을 입고 있었다. 비즈니스 룩을 입어야 한다는 무언의 요구를 모두 따른 것이다. 단지 나만 알록달록한 티셔츠를 입고 있었고 긴 여행으로 구겨지기까지 했다. 참석자들 사이에서도 너무 눈에 확 띄어서 인스타그램에 그 이야기를 올렸다. 놀랍게도 대체로 긍정적인 피드백을 받았다. 많은 사람이 나를 버리고 다른 사람들에게 맞추기보다 나에게 어울리는 옷을 입는 것이 좋다고 말했다.

용감한 시그니처 룩은 기업에서도 긍정적으로 작용할 수 있다. 대체로 기업들은 보수적이므로 조금씩 조금씩 시도해보기를 권한다. 나도 하루아침에 확 바꾼 게 아니다. 나에게 정말 어울리는 것이 무엇인지 하나씩 시도해봤다. 옷차림은 다른 사람의 이목을 끌고 기대를 불러일으키는 수단이다. 물론 사회적인 규범은 항상 염두에 두어야 한다. 드레스코드를 정확하게 따라야 하는 상황도 당연히 있다. 이런 경우를 제외한다면 옷차림은 우리 개성의 일부이다. 나는 쾌활한 사람이기 때문에 알록달록한 옷을 입었을 때 기분이 좋고 나를 잘 표현해준다고 생각한다. 그리고 옷차림은 어떤 메시지를 강조해줄 수도 있다. 입었을 때 기분이 좋고 즐거운 옷을 자신의 시그니처 룩으로 만들어야 한다.

옷이 나를 다른 사람으로 만드는 변장 수단이어서는 안 된다. 퍼스널 브랜드를 더욱 부각하는 수단이어야 한다.

옷차림은 자신의 이야기를 전달할 수 있는 수단의 일부분이다. 때로는 문구가 적힌 티셔츠를 통해 직접적으로 이뤄지기도 한다. 최근에는 이런 경우가 부쩍 늘어나서 옷에 있는 그림이나 글로 메시지를 전달한다. 이제 자신의 옷차림으로 다양한 이야기를 해보자.

있어 보이는 나를 만드는 법

완벽주의에서
벗어나라

스토리텔링에서도 내용, 자연스러움, 개성이 훨씬 중요하다. 완벽주의가 자신을 원하는 방향으로 이끌지는 않는다. 최근에 글로벌 디지털 우먼에서 실시한 영상 활동을 통해 이 사실을 더욱 확실하게 알 수 있었다. 365일 동안 365명의 여성이 짧은 영상으로 자기소개를 하는 활동이었고 영상은 짧아도 되었다. 다만, 다음 세 가지 '나는 누구인가?' '나는 무엇을 하는가?' '나는 무엇을 추구하는가?'를 포함해야 했다.

발트해 쪽에 사는 한 기업인이 영상을 보내왔다. 그 사람은 그냥 휴대전화를 들고 말하면서 영상을 촬영했다. 바람이 너무 심하게 불어서 목소리는 거의 들리지 않았다. 그리고 걸어가다가 넘어질 뻔하기까지 했다. 기술적으로 미숙하고 작은 실수도 있었지만 조회 수가 6만이 넘었다. 반대로 다른 참가자들은 스튜디오에서 촬영한 완벽한 영상을 보냈다. 조명도 완벽하고 여러모로 근사했다. 하지만 이런 영상에 부족한 것이 있었다. 바로 자연스러움이었다. 이런 영상이 주는 메시지는 "나는 이미 유명한 사람이야"라는 것이다. 조회 수도 4,000회에 그쳤다.

스토리텔링에서 완벽한 세팅은 중요하지 않다. 핵심은 전달하려는 메시지와 포지셔닝이다. 메시지와 포지셔닝이 확실하면 주저할 것도 없고 가로막는 것도 없다. 영상이나 사진을 촬영하기 위해 고성능 카메라도 필요하지 않다. 스마트폰으로도 충분하다. 꾸미지 않은 솔직함과 진정성은 이야기를 더욱 흥미진진하게 만들고 사람들의 기억에 오래 남는다. 특히 기억에 오래 남는 이유는 친근감 때문인데 소셜 미디어를 통해 이런 친근감을 더욱 극대화할 수 있다. 많은 사람이 인스타그램과 트위터를 일상을 함께하는 동반자로 여기며 그곳에서 만나는 사람들을 친숙하게 느낀다. 그래서 스토리텔링도 자연스럽고 친근한 스타일로 해야 한다.

'완벽주의에서 벗어나라'라는 것은 '무엇이든 상관없다! 반드시 따라야 할 패턴 같은 것은 없다'라는 의미다. 익숙한 패

있어 보이는 나를 만드는 법

턴이 아니고 기존과 다른 접근 방식이다 보니 오히려 사람들의 기억에 오래 남게 된다. 퍼스널 브랜딩 분야에서 추천하는 기술과 방법들은 인간적인 측면을 간과하는 경우가 있다. 그런데 바로 인간미, 솔직함, 친근함, 자연스러움과 같은 요소가 자신의 정체성을 드러내고 다른 사람들과 공감하면서 네트워크를 만들어낸다.

🕐 나의 도전 5 자기소개를 해보자

이야기의 제목은 '나는 누구인가'이다. 자신의 퍼스널 브랜드를 강화할 수 있도록 "나는 다른 사람들에게 어떤 사람으로 보이기를 원하는가?"라고 자신에게 질문해보자. 어떤 파티에 초대를 받았는데 호스트 외에는 아무도 모른다고 상상해보자. 호스트는 당신을 다른 사람들에게 어떻게 소개하면 좋겠는가? 밑줄 그은 부분에 자기 이야기를 넣어보자.

이분은 _____입니다. 혹시 _____라는 주제에 대해 관심이 있다면 바로 이분이 적임자입니다. 이분보다 _____에 대해 더 잘 설명할 사람은 없습니다.

◉ 올라가는 엘리베이터 안에서 1분 안에 자기 자신이나 프로젝트,

비전 등을 간단명료하게 설명해보자.

◉ 내가 누구인지 드러내주는 나만의 시그니처 룩을 찾아라.

6장 ▶
내 콘셉트에 맞는
어조를 찾아라

누구에게 전달할 것인가가 '어떻게'를 결정한다

다루고 싶은 주제를 정했고 브랜드 핵심도 정했다면 이제 어떻게 자신의 메시지를 알릴 것인가? 모든 글씨를 대문자로 쓰고 느낌표를 많이 사용하면 될까? 하지만 캡스락^{Capslock} 키를 누르기 전에 자신의 말을 들어줄 청중에 대해 좀 더 정확하게 파악해야 한다. "나는 누구에게 나의 메시지를 전달하고 싶은가?"라는 질문이 해결되면 '어떻게'라는 질문은 저절로 해결된다. 그런데 우리의 글이나 말에서 드러나는 어조는 '어떻게'라는 질문에 결정적인 영향을 미치며 커뮤니케이션에서 아주 중요하면서도 힘든 부분이다. 물론 극단을 달리는 것도 어조에 속한다. 특히 정치에서 극으로 치닫는 것은 꼭 필요한 부분이기도 하다. 하지만 그런 식의 말하기에 익숙하다고 해도 어조에서는 정치인들을 롤 모델로 삼을 필요는 없다.

많은 사람이 트윗이나 댓글에서 잘못된 톤을 사용했을 때 나타나는 부작용을 과소평가한다. 그리고 악플을 단 사람들이 피해자들을 만나서 사과했다는 이야기가 심심찮게 들린다. 그때마다 악플을 단 사람들은 처음 의도는 그게 아니었다고 둘러댄다. 말실수하기는 쉬워도 그 결과에 책임을 지는 것은 어렵다.

내가 '기업의 핵심인 인사부'를 다룬 칼럼을 링크드인에 포스팅한 지 얼마 지나지 않아서 도발적인 댓글이 달렸다. 인사부가 오히려 조직의 암 덩어리라는 것이다. 나는 일반적으로 건설적이지 못한 댓글에는 반응하지 않지만 아는 사람이라서 개인적으로 연락을 취했다. 나는 댓글의 의도가 무엇인지, 왜 인사부를 그렇게 평했는지 물었다. 그 사람도 인사부가 있는 기업에서 일하고 있었다. 혹시라도 같은 회사 인사부 직원이 그 댓글을 보고 그 사람을 우연히 마주친다면 분위기가 어떨지 짐작이 갔다. 다행히 그런 일은 일어나지 않았다. 댓글을 단 사람이 댓글 내용을 수정하기로 했기 때문이다.

있어 보이는 나를 만드는 법

시끄럽게
또는 조용하게

포지셔닝할 때 특히 시끄럽게 자신의 주제에 이목을 집중시키는 방법이 있다. 아니면 반대로 조용하게 이목을 끄는 방법도 있다. 시끄럽다는 의미는 모든 논쟁마다 자신이 내세우는 주제를 가지고 눈에 띄려고 나서는 것을 말한다. 조용하다는 의미는 '보호받는' 공간에서, 예를 들면 칭이나 링크드인, 페이스북 속 전문가 그룹에서만 자신의 주제를 이야기하는 것이다.

항상 올바른 톤을 유지하는 게 쉬운 일이 아니다. 하지만 말로 표현하든 글로 표현하든 언제나 자신의 어조를 점검하는데 참고할 만한 방법이 있다.

— **글로 전달하고 싶을 때** 그 내용을 커다란 종이에 인쇄해서 모든 사람이 보도록 버스정류장에 걸어놓을 수 있는지 자기 자신에게 물어보자.

— **말로 어떻게 표현해야 할지 고민될 때** 모르는 사람이 가득한 버스에 서 있다고 상상해보자. 이런 상황에서도 똑같이 말할 수 있는가?

있어 보이는 나를 만드는 법

인터넷에서 증오의
언어들에 대처하는 법

이유는 잘 모르겠지만 다행히 내 글에는 악플이 그리 많지는 않다. 사실 악플이 달린다고 해도 나는 철저하게 무시하는 편이다. 봇인지 아닌지 알 수 없지만 집요하게 구는 경우에는 차단해버린다. 내 경험에 따르면 온라인에서 악플을 다는 사람들은 실제로 만나면 그렇게 말하지도 못한다. 소셜 미디어는 사람들이 자신의 부정적인 감정을 배설하는 장치가 되어버린 측면이 있으므로 이런 악플에 위축될 필요는 없다. 워크숍을 하다 보면 많은 사람이 악플이 두려워서 소셜 미디어를 이용하지 않거나 소극적으로 사용하고 있다고 말한다.

다른 사람의 생각과 악플을 두려워하면 위축되어 자신의

글을 자꾸 스스로 검열하려 한다. 그러다 보면 공격당할 여지는 없어질지 모르지만 흥미로운 내용도 더는 남아 있지 않게 된다.

나는 '개인으로서 나', '나의 견해', '나에 대한 사람들의 반응'을 각각 분리하는 법을 일찌감치 배웠다. 정치계에 몸담았을 때 온갖 일을 책임져야 했기 때문이다. 거리 유세를 할 때는 사람들이 수시로 나에게 앙겔라 메르켈 총리의 정치에 대해 언급했고 나에게도 책임을 돌렸다. 그런데 나는 당시 FDP 후보였다. _{앙겔라 메르켈 총리는 기민당(CDU) 소속 - 옮긴이} 하지만 많은 사람이 이런 사실을 안중에도 두지 않았다. 모든 정치인은 한통속이라는 것이다. 게다가 같은 정당 소속인 귀도 베스터벨레^{Guido Westerwelle}의 정치에 대해서도 번번이 내게 책임을 돌렸고 적지 않은 비판을 들어야 했다. 그 과정에서 나는 중요한 것을 배웠다. 많은 사람이 느끼고 표현하는 분노는 개인으로서의 나와 관련이 없다는 것이다. 내가 아무리 그들의 대화 상대였다고 해도 말이다.

항상 메시지와 수신자를 분리해서 생각하자. 부정적인 댓글이나 악플이 달려도 그게 반드시 자신에게 하는 말은 아니라

있어 보이는 나를 만드는 법

는 것을 기억하자.

자신의 적절한 톤을 찾으려면 자신감이 중요하다. 말을 자주 하거나 자신을 자주 드러내면 시간이 지날수록 저절로 좋아진다. 친구나 존중하는 사람들의 피드백도 자신에게 맞는 어조를 찾는 데 도움이 된다.

모든 피드백이 가치 있는 것은 아니다. 특히 비판적인 인터넷 댓글에 진실성이 있는지 판단할 수 있는 민감성을 키워야 한다.

인터넷에서 어투가 점점 부적절하고 격에 맞지 않게 변하고 있다. 인터넷 활동을 계속하다 보면 언젠가는 깨닫게 된다. 댓글 창은 흔히 화풀이용으로 사용되어 욕설과 모욕이 일상적이다. 왜 그런지는 쉽게 설명할 수 있다. 하지만 설명한다고 해서 태도가 개선되거나 문제가 해결되지는 않는다. 나는 이런 상황을 해결하기 위해 개발된 기술적인 장치들을 이용하라고 말하고 싶다. 인터넷에서 사람들이 무례하게 굴거나 비하하는 말을 하면 그들을 차단하고 심각할 경우에는 신고하는 게 낫다. 논쟁을 벌인다고 해결되지 않는다. 악플을 다는 사람들의 진짜 목적은 다른 데 있기 때문이다.

인터넷에서 흔히 사용하는 '병신에게 먹이 금지!'라는 말이 있다. 이 말 자체가 장애인 비하라는 비판도 일리가 있지만, '어그로꾼'들에게 반응하지 말라는 메시지는 의미심장하다. 논쟁을 불러일으키고 음모론을 확산시키는 게 목적인 사람들은 상대해주면 더 신나서 날뛴다. 그리고 그들이 주장하는 음모론에 심각하게 반대 주장을 펼치게 되면 어떤 식으로든 일정 정도 사실인 부분도 있다고 인정하는 꼴이 되어버린다.

댓글 창에 퍼진 부정적인 어투에 절대 전염되어서는 안 된다.

인터넷에서 언어가 거칠어진다면 이렇게 상상해보자. 상대방과 함께 난롯가에 앉아서 대화를 나눈다고 말이다. 이런 상황에서는 서로에게 소리를 지르거나 확성기에 대고 소리를 지르거나 무례하게 굴 이유가 없다.

있어 보이는 나를 만드는 법

청중에 대한 존중

말이든 글이든 자신의 어조를 결정할 때 타깃 집단을 고려해야 한다. 비즈니스적인 맥락에서는 가벼운 농담이 처음의 어색함을 벗는 데 좋은 방법이 될 수 있다. 하지만 계속 반어법을 사용하거나 이상한 농담을 한다면 진지하게 소통할 수 있을지 의문이다. 사실 요즘에는 반어법을 이해하는 사람도 점점 줄어들고 있다. 예를 들어서 이메일에서 '여기부터는 반어법 시작 그리고 반어법 끝'이라고 바로 알아보도록 표시되어 있지 않거나 반어법이라는 것을 알 수 있는 윙크 이모티콘을 넣지 않으면 혼란스러워할 수 있다. 그리고 내용을 이해하지 못해서 어리둥절해하거나 심하면 분란이 일 수도 있다.

한 번은 동료가 당황한 목소리로 전화해서 자기 때문에 화났냐고 물었다. 나는 그냥 택시를 타고 공항에 가느라 형식적인 예의를 차리거나 장황한 설명을 덧붙일 시간이 없었을 뿐이었는데 말이다. 내가 보낸 답장이 달랑 한 줄이라 오해할 만하기는 했다. 하지만 나를 잘 아는 사람이라면 그렇게 갑자기 무턱대고 무례하게 굴지 않는다는 것을 알 텐데……. 어쨌든 나는 그 이후 반어법을 사용하지 않게 되었다.

청중을 존중해야 할 뿐만 아니라 인터넷에서도 존중하는 마음을 가져야 한다. 트위터에 올릴 수 있는 글을 실제로 트위터에 올려야 한다. 즉, 모든 것이 인용될 수 있다는 사실을 항상 생각하고 신중하게 글을 써야 한다. 자신의 글에 발목이 잡히지 않으려면 말이다.

트위터 활동을 처음 하는 사람들에게 이는 큰 도전이다. 자기도 모르는 사이에 실수를 할 수 있기 때문에 많은 사람이 불안해하고 두려워한다. 그렇다고 해서 뒤로 물러서거나 이런 채널을 완전히 거부해서는 안 된다. 오히려 그 기회를 적극적으로 이용하라고 말하고 싶다. 다만 전달하고 싶은 메시지가 있으면 이게 과연 트위터에 올리기 적합한가를 되묻는 습관이 필요하다.

있어 보이는 나를 만드는 법

소셜 미디어와
거리두기

미리 확실하게 말하고 넘어갈 것이 있다. 나는 디지털화를 축복이라 생각한다. 특히 인터넷은 퍼스널 브랜딩과 네트워킹에서 우리에게 새로운 가능성과 굉장한 기회를 제공해준다. 나도 덕을 많이 본 사람이다. 우리는 소셜 미디어가 얼마나 멀리까지 퍼져나갈 수 있는지 알고 있다. 그런데도 어떤 CEO에게 트위터로 메시지를 보내고 얼마 후에 개인적인 답장을 받으면 번번이 놀라곤 한다.

칭찬은 이 정도로 하고 이제 디지털 커뮤니케이션의 어두운 면에 대해 얘기해보겠다. 디지털 커뮤니케이션 방식, 특히 이메일로 커뮤니케이션 문화가 급격하게 변했다. 여기에는 여러 가지 이유가 있다. 일단 커뮤니케이션량이 급증했다. 정확히 말하면 폭발적으로 증가했다. 그래서 많은 사람이 부담스러워한다. 다른 한편으로는 거리를 뛰어넘어 훨씬 손쉽게 커뮤니케이션하는 것이 가능해졌다. 오늘날 도달 범위라고 하면 소셜 미디어를 통해 도달할 수 있는 사람의 수와 관련지어 말하곤 한다. 하지만 도달 범위는 지리적인 도달 범위이기도 하다. 소셜 미디어로는 멀리까지 퍼져나갈 수 있지만 또 그만큼 상대와 맺어진 연관성이 과거에 비해 약하다.

그리고 무엇보다도 디지털 커뮤니케이션의 새로운 형태들은 우리의 커뮤니케이션 문화에 변화를 가져왔다. 특히 젊은 세대는 이메일을 쓸 때 어떻게 시작해야 하는지 잘 몰라 한다. 게다가 하루에 쏟아지는 엄청난 양의 정보 때문에 딱 필요한 말만 하는 경향을 보인다. 그러다 보니 오해가 쌓이기도 한다. 따라서 적절한 어조는 결국 형식만의 문제가 아니라 우리가 제대로 소통하기 위한 근본적인 원칙이라 할 수 있다.

나는 같은 건물 2층 아래에서 근무하는 여성 동료를 얼마든지 점심시간에 만날 수 있다. 그래서 어쩌다 오해가 생겨도 비교적 쉽게 풀 수 있다. 사회화의 관점에서 보더라도 그 여성 동료와 나는 상하이나 샌프란시스코 지사에 근무하는 동료보다 훨씬 더 친밀할 것이다. 다른 지사에 근무하는 동료들과 공

있어 보이는 나를 만드는 법

감하는 것이 훨씬 더 어려울 것이다. 오해가 생겼을 때 쉽게 풀지 못하는 이유 중 하나는 자주 보지 못하거나 만날 일이 전혀 없기 때문이다. 게다가 '앨런 커브'가 이를 더욱 어렵게 만든다. 앨런 커브는 토머스 앨런^{Thomas Allen}이 1977년에 『성공하는 기업 조직과 사무 공간^{Managing the Flow of Technology}』에서 연구하고 증명한 현상이다. 사람이 공간적으로 멀리 떨어져 있을수록 소통 횟수도 줄어든다는 것이다.

이 법칙은 다음 페이지 그래프에서 볼 수 있듯이 최신식 통신 수단을 이용한 소통 태도에서 여전히 유효하다. 벤 웨이버^{Ben Waber}는 앨런의 연구를 기초로 하여 디지털 시대에 맞게 연구를 확장했다.

우리는 소셜 미디어를 통해 살면서 한 번도 만나지 못한 사람들과 소통하기도 하고 아주 가까운 사람들과도 소통한다. 여기서 오해는 없었으면 좋겠다. 나는 아주 열성적인 소셜 미디어 팬이고 트위터를 항상 가까이한다. 그런데도 소셜 미디어 세상에는 온갖 결점이 있고 여기에 대처하는 게 만만찮다.

그러므로 디지털 세상과 거리 두는 연습도 해야 한다. 디지털 채널을 계속해서 오랫동안 이롭게 이용하려면 반드시 디지털 세상과 거리 두는 법을 배워야 한다. 특히 소셜 미디어 활동을 처음 할 때는 모든 것을 자신의 탓으로 돌리고 상대의

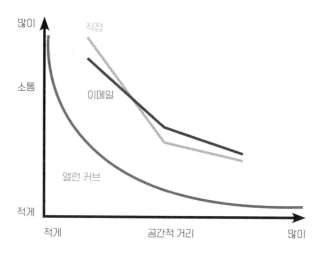

출처: 「하버드 비즈니스 매니저(Havard Business Manager)」

한마디 한마디가 자신을 향하고 있다고 생각한다.

또한 실제로는 알지 못하는 사람을 소셜 미디어 세상에서는 너무 잘 알고 있다. 자신의 일상을 이야기하는 인스타가 인기를 끈 이후 우리는 다른 사람들의 삶에 아주 가까이 다가갈 수 있게 되었다. 그렇지만 대부분 그 사람들을 현실에서 실제로 만나는 일은 거의 없다.

그렇다 보니 소셜 미디어에서는 애정이 증오로 돌변하기 쉽다. 이런 현상을 자주 관찰할 수 있는데 특히 퍼스널 브랜드가 호감의 대상이 되었을 때 두드러지게 나타난다. 디지털 거리와 도달 불능은 비현실적인 기대나 상상 속에 소망을 품게

있어 보이는 나를 만드는 법

만든다. 어떤 말이나 행동으로 직접적으로 유도하거나 넌지시 암시를 주는 것도 아니다. 아날로그 세상처럼 직접 만날 수 없기 때문에 감정이 급변하는 현상이 나타난다.

당신의 모든 내용을 다른 사람이 함께 지켜보고 경험하고 있다. 이 사실을 항상 기억해라. 원하든 원하지 않든 사람들은 소셜 미디어를 통해 당신을 보고 있다.

소셜 미디어에서
당신의 모든 행적은 기록된다

당신의 팔로워들은 당신에 대해 많은 것을 알지만 당신은 그들에 대해 아는 게 거의 없다. 나는 행사를 주최할 때마다 이 사실을 새삼 깨닫곤 한다. 인스타그램이나 트위터를 통해 나를 오랫동안 지켜본 사람들이 가끔 말을 걸 때가 있다. 그들은 나에 대해 거의 모든 것을 알고 있지만 나는 그 사람을 생전 처음 보는 거라 당황할 때가 있다. 그렇지만 또 그런 만남을 통해 흥미로운 대화를 나누고 소중한 교류를 할 수 있으니 이 것도 정말 멋진 일이다.

자신의 팔로워를 다 알지 못하는 것은 당연하며 소셜 미디어의 속성이 원래 그렇다. 트위터나 인스타그램 계정을 만든

있어 보이는 나를 만드는 법

후 모두 적극적으로 활동하는 것은 아니다. 적극적인 사용자는 한정되어 있다. 그렇다고 해서 활동에 소극적인 사람들이 정보를 얻지 못한다는 것은 아니다. 여기에 대해서는 뒤에서 좀 더 설명하겠다. 많은 사람이 디지털 플랫폼에 가입하는 이유는 그냥 그곳에서 제공하는 콘텐츠를 소비하거나 이들이 좋아하는 유명 인사들을 팔로잉하기 위해서다.

나는 프로필에 고양이 사진을 내건 사람이 나를 팔로잉하거나 Hitmeister583 같은 이름을 단 사람이 스토킹하듯이 쫓아다니는 것에 차츰차츰 적응해야 했다. 특히 분명한 이름이 없거나 알 수 없는 아바타 사진을 내건 사람들이 '나는 당신을 팔로잉합니다'라고 메시지를 보낼 때 힘들었다. 한번은 일부러 "그런데 누구세요?"라고 질문을 던져보기도 했다. 하지만 대답은 우리를 더 가깝게 만들어주기보다는 오히려 더 불안하게 만들었다. "저는 아무도 아닌 사람입니다"가 답장이었다.

그리고 어떤 이용자들은 나를 팔로잉하는 자신들을 내가 당연히 알 거라고 생각하는 경우도 있었다. 한번은 어떤 사람이 메시지를 보내 개인적으로 연락하지 않는다면서 잔뜩 화를 냈다. 나는 어안이 벙벙했다. 몇 분 후 그 사람은 그 이유를 설명했다. 그 사람은 퉁명스러운 말투로 수개월째 나를 팔로잉하고 있으며 내가 올린 모든 포스트와 글에 '좋아요'를 꼬

박꼬박 누르고 있다고 했다. 그러니 이제 나도 여기에 뭔가 감사를 표해야 하는 거 아니냐고 따졌다.

하지만 이런 일은 소셜 미디어 세상에서는 일상이며 자신의 모든 것이 관찰당하고 저장된다는 사실을 항상 의식해야 한다. 물론 플랫폼 운영자들이 디지털의 영원성을 위해 모든 것을 저장한다는 의미는 아니다. 소셜 미디어 이용자와 팔로워들은 특히 실수와 관련된 것에 아주 기억력이 뛰어나다. 문제가 되는 트윗을 5분 만에 삭제했다고 해도 그사이 누군가는 이미 봤고 스크린샷으로 캡쳐해서 저장해두었을 것이다. 그리고 실수하게 되면 한참 동안 비난이 따라다닌다. 오해를 살만한 내용에 '좋아요'를 누른 것도 다 기록되어 사람들의 입방아에 오른다. 이런 이유에서 나는 아주 신중하게 결정한다. '좋아요'를 누를지 아니면 그냥 가만히 있을지를 말이다.

모든 것은 저장되고 기록된다. 그래서 언젠가 자신에게 불리하게 사용될 수도 있다. 소셜 미디어를 이용하는 사람은 이 사실을 반드시 명심해야 한다. 자신에게 맞는 어조를 찾을 때도 이 점을 고려해야 한다. 하지만 지나치게 걱정할 필요는 없다. 디지털과 거리 두는 법을 배우면 된다.

있어 보이는 나를 만드는 법

소셜 미디어에서는 이모티콘을 과도하게 사용할 때가 있다. 이모티콘을 사용할 때 두 가지를 잘 생각해봐야 한다. 첫 번째는 이모티콘이 원래 의도대로 전달되지 않거나 다르게 또는 잘못 해석되는 경우가 많다는 것이다. 두 번째는 이모티콘을 브랜드의 어조와 타깃 집단에 맞게 언제 적절히 사용할 수 있느냐이다.

이모티콘이 오해를 불러일으키는 이유에는 여러 가지가 있다. 같은 의미를 담고 있지만 스마트폰 제조업체에 따라 이모티콘이 달라서 상대방이 다르게 해석할 수 있다. 각각의 심볼에는 공통된 유니코드가 있지만 세부적으로 다양한 해석이 가능한 것도 사실이다. 또한 대부분의 이용자가 각각의 이모티콘을 각자 다르게 해석하는 경우도 있다. 이와 관련해서 작은 퀴즈를 풀어보자. 다음 이모티콘은 어떤 감정을 표현한 것일까?

이 이모티콘은 어떤 감정을 표현한 것일까? 분노 아니면 승리?

또 이 이모티콘은 어떤 감정을 나타내는 것일까?
스트레스? 실망? 절망? 분노? 경악?

어떤가? 이모티콘을 제대로 잘 사용하고 있는가? 어떤 이
모티콘은 의미가 완전히 달라서 우리가 이해하기 힘들 때도
있다. 금기시하는 내용에 대해서는 여기서 이야기하고 싶지
않다. 하지만 본래의 의미와 달리 다른 의미로 사용되는 두 개
의 손짓을 살펴보겠다. 예를 들어 다음 손짓은 대개 'Rock on'
마음껏 즐기다 또는 'Rock n roll'로큰롤의 의미로 사용된다.

하지만 실제로는 '나는 당신을 사랑합니다'라는 의미다. 수
화에서 이 손짓은 'I love you'를 의미하고 그래서 ILY 사인이
라고 부른다.

OK 사인도 뜻이 달라져서 최근에는 증오의 상징으로 받아
들여지고 있다. 중지, 약지, 새끼손가락으로 만들어지는 W자

있어 보이는 나를 만드는 법

는 극우파들 사이에서 'White Supremacy', 즉 백인우월주의를 상징하기 때문이다.

　잘못 사용되고 있거나 오해의 소지가 있는 이모티콘이 무수히 많지는 않을 것이다. 하지만 이모티콘을 사용한다고 해서 반드시 소통이 수월해지는 것은 아니다. 그리고 이모티콘을 사용하지 않는다고 해서 무례한 사람이라고 생각해서도 안 된다.

> 업무 메일에서 이모티콘은 이제 일상이다. 하지만 문장이 끝날 때마다 스마일 이모티콘을 넣지 않는다고 해서 예의 없다고 단정 지으면 안 된다.

　이제는 이모티콘이 퍼스널 브랜드와 어떤 관계가 있는지 살펴보겠다. 나는 한 워크숍에서 링크드인에 올리는 포스트에서 스마일 이모티콘을 사용하는 것이 통상적으로 괜찮냐는 질문을 받았다. '통상적으로'라는 질문에 답하기는 쉽지 않다. 다만, 소셜 미의 톤과 맞으면 스마일 이모티콘이든 다른 이모티콘이든 사용할 수 있다. 여기서 규칙은 온라인에서 사람들과 소통할 때도 실제 자기 삶의 캐릭터와 일관성이 있어야 한다는 것이다. 실제 삶에서는 무뚝뚝한 성격인데 이메일이나 포스트에서 이모티콘을 지나치게 많이 쓰면서 활달한 캐릭터를 연출할 필요는 없다는 말이다.

있어 보이는 나를 만드는 법

공감하라

공감은 디지털 시대의 핵심 능력이다. 왜 공감이 주목받는지 앞에서 다룬 내용으로 분명해졌을 것이다. 다른 사람이 무슨 생각을 하고 무엇을 느끼는지 이해하는 능력은 엄청나게 가치 있는 것이다. 전 세계에 흩어져 활동하는 경영진은 거리상 멀리 떨어져 있더라도 자신의 직원들과 긴밀하게 연락해야 하고 직원들의 마음을 움직이는 게 무엇인지 알아야 한다.

공감 능력이 있는 사람들은 상대의 마음을 잘 파악하기 때문에 어떤 톤으로 커뮤니케이션해야 가장 적절한지도 훨씬 쉽게 찾는다. 상대에게 공감한다는 것이 자신의 가치관을 포기한다는 의미는 아니다. 서로 다른 사회화 과정을 겪은 사람

들이 상대방을 이해한다는 것은 쉽지 않은데 공감 능력이야
말로 이를 가능하게 만들어준다. 혹시 서로를 이해하지 못한
다고 해도 최소한 서로의 존재를 인정하고 교류하게 만들어
준다.

내 경험에 따르면 사람들은 공감 능력이 있거나 없거나 둘
중 하나에 속한다. 하지만 공감 능력이 반드시 타고나는 능력
은 아니다. 얼마든지 배울 수 있다. 이것은 역으로 퇴화될 수
도 있다는 뜻이다.

'소셜 미'도 자연스러운 내 모습과 비슷해야 한다

'연습이 명장을 만든다.' 너무나 뻔하고 진부해 보이지만 정말 맞는 말이다. 이제 나는 어떤 특정 사실들을 어떤 말로 어떻게 표현해야 하는지 알고 있다. 무엇을 어떻게 얘기해야 자신감이 생기는지 알고 있다. 하지만 예전에는 전혀 그렇지 않았다. 지금은 믿기지 않지만 나는 상당히 내향적인 사람이었다. 내 의견을 내세우기보다는 조용히 뒤로 물러나 있는 것을 좋아했다. 그래도 사람들 앞에 나서서 뭔가 말해야 하는 상황이 생기면 미리 철저하게 준비했다. 사람들 앞에서 뼛속까지 창피당하지 않기 위해서였다. 하고 싶은 말을 정말 잘 전달하기 위해 사전 준비만 철저하게 한 것이 아니다. 사전 준비만큼

사후 평가도 중요하게 여겼다. 나는 오해의 소지가 있거나 호불호가 엇갈리는 부분들을 나중에라도 확실하게 짚고 넘어가려고 했다. 그러려면 네트워크가 있어야 하고 또한 이를 잘 관리하는 것이 중요했다. 그래야 사람들에게 빠르게 정보를 전달할 수 있기 때문이다.

사전 준비와 사후 평가는 아주 중요하지만 자신이 모든 것을 철저하게 통제할 수는 없다. 원천적으로 불가능한 일이기도 하고 그럴 필요도 없다. 자신이 하는 이야기의 모든 면을 일일이 신경 쓰다 보면 이야기가 지나치게 무거워질 위험도 있다.

가끔은 멍청한 얘기를 하고 그냥 내버려둘 줄도 알아야 한다. 그렇지 않고 너무나 완벽한 '소셜 미'를 보여주면 오히려 언론 보도나 소셜 셀링을 위한 도구처럼 보일 수도 있다.

> 어조에는 나라는 사람을 담고 있어야 한다. 자신을 이야기하는 것은 언론 보도를 하는 것과는 다르다.

실수나 작은 오점을 인정하는 데는 많은 용기가 필요하다. 다른 사람들이 질타할지도 모른다는 두려움에 위축되어서는 안 된다. 나는 때로는 오점이 나의 소셜 미의 일부가 되도록 포스팅하기도 한다. 어쩌다 보면 실수와 작은 사고가 일어나기 마련이다. 그런데 하필이면 가장 부적절한 순간에 잘 일어난다.

예를 들어, 내가 프랑크푸르트 암마인에서 열린 한 행사에서 기조연설을 하고 노동의 미래에 대한 생각을 발표할 때 그랬다. 나는 맨 앞줄에 앉아서 초조하게 행사가 시작되기를 기다렸다. 그때부터 뭔가 예감이 안 좋았다. 행사장에서는 원래 긴장되기 마련인데 여러 번 경험이 쌓이면서 조금씩 괜찮아졌다. 그런데 그날은 엄청나게 큰 행사장 규모와 청중의 숫자가 문제였다. 아직 행사장에 사람들이 들어차지 않았을 때부터 압도당하는 듯한 느낌이 들었는데 어느새 사람들로 가득 차자 엄청난 압박감이 밀려왔다.

게다가 무대에 오르기 전에 관계자가 마이크를 채워줄 때 바지가 찢어진 것을 발견했다. 하필 다른 옷으로 가릴 수 있는 부분이 아니었고 당연히 옷핀도 없었다. 다른 사람에게 옷핀을 가져다달라고 부탁하기도 너무 늦었다. 이제는 오점을 받아들일 용기를 낼 수밖에 없었다. 내가 생각해낸 고육지책은 평소보다 더 열심히 손짓을 해서 가능하면 사람들의 시선이 바지로 향하지 않게 하는 것이었다. 나는 구멍이 얼마나 눈에 떠었는지 궁금해서 나중에 청중 몇 명한테 물어보았다. 다행히도 나의 전략은 효과가 있었고 아무도 눈치채지 못했다는 사실에 안도했다. 적어도 내가 물어본 사람 중에서는 말이다.

A에서 Z까지 완벽한 스타일을 갖출 필요는 없다. 우리는 사람이기에 얼마든지 실수할 수 있다. 어느 정도까지 자신의 '불완전함'을 받아들일 수 있는지 자신에게 질문해보자.

민망한 순간들을 어느 정도까지 받아들일 수 있는지와 상관없이 어조는 자기 자신과 잘 어울려야 한다. 어떤 사안에 너무 객관적이고 사실적으로 접근하면 나라는 사람은 주제 뒤로 사라져버릴 수 있다. 화자로서 자신의 포지션이 무엇이고 어떤 톤이 어울릴지 정확하게 잘 생각해보자. 또한 자신의 관심사를 감추지 말아야 한다. 그렇지만 많은 사람이 자신의 커리어에 좋지 않은 영향을 미칠까 봐 뒤로 물러난다. 나서서 말할 용기를 내지 못하는 것이다. 그런데 아이러니하게도 바로 이런 순간들이 자신의 목소리를 내고 눈에 띌 수 있는 결정적인 기회다. 대중적인 행사장뿐 아니라 사람들과의 대화에서도 마찬가지다.

있어 보이는 나를 만드는 법

내가 이루고 싶은 것은 뭘까? 그것을 어떻게 이룰 수 있을까? 당신과 대화를 나누는 사람 중에 이 질문에 도움을 줄 사람이 분명 있을 수 있다. 그러므로 그냥 뒤로 물러서서 가만히 있으면 안 된다. 그렇다고 해서 '조용한 퍼스널 브랜드는 없다'고 이야기하려는 게 아니다. 오히려 그 반대다. 조용하고 차분한 어조가 더 잘 어울리는 주제도 있다. 또 조용하던 사람이 입을 열면 사람들은 숨을 죽이고 경청하게 된다.

언제, 어떻게 커리어 다음 단계로 올라갈 수 있을까? 나의 브랜드 어조가 이때 결정적인 역할을 한다.

🔆 나의 도전 6 ▸ 당신의 어조를 찾아라!

이제는 좀 더 창의성을 발휘해야 할 시간이 왔다. 자신의 관심사, 메시지, 비전을 간단한 성명서 형태로 적어보자. 일단은 깊이 생각하지 말고 즉흥적으로 머리에 떠오르는 대로 직관적으로 써보자. 이것이 완성되었다면 이제 이 성명서를 최소한 5개, 가능하다면 10개의 다양한 버전으로 만들어보자. 매번 자신의 주제에 새로운 톤을 입혀보자. 그런 다음에 다양한 버전들을 살펴보면서 어떤 어조가 자신의 관심사와 가장 잘 어울리는지를 생각해보자. 이어서 누구에게 자신의 주제를 전하고 싶은지, 그 어조가 타깃 집단에게 맞는지도 생각해보자. 진지하고 객관적인 어조인지 아니면 발칙하고 당돌한 어조인지, 고상하거나 역동적이거나 세련되었는지.

이렇게 한번 해보자

— 트럼프 대통령을 흉내 내면서 과장과 극단적인 표현, 시끄럽고 날카로운 톤으로 표현해보자.

— 이제 정반대로 자신의 관심사를 조용하고 섬세한 톤으로 표현해보자.

— 때로 진실은 중간쯤에 있다. 그러니 자신의 관심사를 그냥 간단명료하게 설명하고 끝내보자.

— 자신의 주제에 유머러스한 내용을 끼워넣을 수 있는지 검토해보자.

— 무릇 간결함은 지혜의 본질이라고 했다. 하지만 조심해야 한다. 말로는 쉽지만 결코 만만한 일이 아니다. 문장은 짧고 간결하게 쓰자. 이렇게 하면 뭔가 자신 있어 보이고 속도감을 줄 수 있다.

— 타깃 집단이 전문가 집단인가? 그렇다면 전문 용어를 때와 장소에
맞게 정확하게 사용해야 한다.

요점 정리

◉ 따뜻한 난롯가에 앉아서 편안하게 대화하고 있는 것처럼 이야기
해보자. 그래야 서로에게 소리를 치거나 확성기에 대고 고함을 지
르거나 무례하게 굴지 않는다.

◉ 디지털 세상이 제공하는 무궁무진한 가능성에 지나치게 빠진 나
머지 현실의 진짜 삶을 잊지 말아야 한다.

◉ 내가 관심 있는 주제와 내용에 맞는 적절한 어조를 찾아서 연습해
보자. 그러기 위해서는 누구를 타깃으로 해야 하는지가 분명해야
한다.

7장 ▶
나의 롤 모델은
누구인가?

롤 모델과
롤 모델의 책임

나의 롤 모델은 당연히 우리 부모님이다. 부모님은 언제나 물심양면으로 나에게 지원을 아끼지 않으셨다. 나는 한참 나이가 든 후에야 부모님이 얼마나 중요하고 소중한 롤 모델인지 깨달았다. 부모님이 나의 중요한 롤 모델이 된 데는 결정적인 이유가 있다. 부모님은 뼈와 살이 되는 조언을 해주고 소중한 가치들을 전달해주셨을 뿐만 아니라 실제로 그런 가치들을 몸소 실천하며 사셨다. 예를 들면 우리 어머니는 일찍부터 다른 사람의 성공을 질투하지 말고 진심으로 기뻐해야 한다고 가르치셨다. 어렸을 때는 그 말을 이해하기 힘들었고 쉽게 실천할 수도 없었다. 하지만 이 조언이 내 기억에 오래도록 남아 있는 이유는 우리 어머니가 다른 사람을 질투하는 모습을 한 번도 본 적이 없기 때문이다.

내가 인생에서 중요하게 생각하는 사람들과 나의 롤 모델이라고 부르는 사람들은 언행일치라는 공통점이 있으며 말과 행동도 가치에 기반을 두고 했다. 이것이 좋은 롤 모델의 가장 이상적인 모습이라고 생각한다.

롤 모델이라는 주제는 두 가지 측면에서 살펴볼 수 있다. 다른 사람들이 당신의 롤 모델이 될 수도 있고 당신이 다른 사람들의 롤 모델이 될 수도 있다. 앞에서도 말했지만 자신을 공개적으로 드러내고 의견을 말하게 되면 나도 모르는 사이에 누군가의 롤 모델이 될 수 있다. 누군가의 롤 모델이 되었다는 것에만 만족하면 안 된다. 이런 사실을 항상 염두에 두면서 오히려 조심해야 한다. 좋은 롤 모델이 될 수도 있지만 나쁜 롤 모델이 될 수도 있기 때문이다. 나쁜 롤 모델이 사회적 규범들을 얼마나 빨리 좀먹는지는 정치계를 보면 잘 알 수 있다.

따라서 자신의 행동을 이끌어줄 가치관이 뭔지를 찾는 것이 오히려 더 중요하다. 여기에는 누구에게나 통용되는 만병통치약 같은 것은 없지만 수많은 책은 있다. 자기계발서에서부터 철학자와 사상가들이 쓴 책, 아리스토텔레스에서 칸트, 시몬 드 보부아르, 한나 아렌트의 책까지 실로 다양하다. 가치

있어 보이는 나를 만드는 법

는 세계관과 정치적 신념의 근본적인 구성 요소이며 시간이 지나면서 계속해서 새롭게 만들어나가야 한다. 이때도 롤 모델이 중요한 역할을 한다. 당신의 퍼스널 브랜드도 누군가에게 롤 모델이 될 수 있으니 책임감을 가지고 행동해야 한다.

좋은 퍼스널 브랜드?

롤 모델은 노동 환경의 디지털화에서 과소평가된 면이 있다. 글로벌 디지털 우먼은 플렌스부르크 유럽대학교와 공동으로 연구를 진행했다. 392명을 대상으로 설문 조사를 했는데 설문 조사 대상 중 92%가 독일인이었고 약 78%는 직장인이었으며 그중 37%는 경영진에 속했다. 실험 참가자들이 다양성을 어떻게 평가하는지를 살피는 연구였다. 연구 결과, 45세 이하의 여성들은 자신의 커리어에 롤 모델이 중요하지 않다고 답했지만 45세 이상의 여성들은 여성 롤 모델에 큰 가치를 둔다고 답했다. 특히 여성 임원이 많은 회사일수록 롤 모델의 가치를 높이 평가했다. 긍정적인 여성 롤 모델이 있는 경우에 여

있어 보이는 나를 만드는 법

성이 커리어를 쌓아가는 데 도움이 될 뿐만 아니라 회사 내 다양성과 디지털화에도 영향을 주었다. 이는 롤 모델의 힘과 책임을 보여주는 또 다른 증거인 셈이다.

> 좋은 퍼스널 브랜드 또는 좋은 소셜 미는 사람들에게 용기를 북돋아주고 깨우쳐주며 능력을 발휘하게 한다. 사람은 사람을 따른다. 따라서 직업적 맥락에서 강력한 퍼스널 브랜드는 좋은 협업의 토대가 될 수 있다.

그렇다면 좋은 퍼스널 브랜드란 무엇일까? 그냥 추상적인 설명에 그치지 않기 위해서 퍼스널 브랜드의 긍정적인 사례 세 가지를 소개하겠다. 물론 내가 주관적으로 선택한 사례들이지만 개인적으로 많은 사람에게 모범이 될 수 있다고 생각한다. 이들은 아주 특별할 뿐만 아니라 강력한 개인 브랜드를 가지고 있어서 누군가의 롤 모델이 되기에 충분한 사람들이다.

첫 번째 퍼스널 브랜드는 커뮤니케이션 분야에서 활동하는 안드레아 슈테버딩Andrea Steverding이다. 글로벌 컨설팅 기업인 올리버와이먼Oliver Wyman에서 마케팅과 커뮤니케이션 책임자로 일하고 있다. 슈테버딩은 커뮤니케이션을 사랑하고 실제로 그렇게 살아가는 사람이다. 하지만 커뮤니케이션 관련 콘텐츠만 소셜 미디어에 쏟아내는 게 아니라 여성의 임파워먼트와 고용주 브랜딩Employer Branding도 다루고 있다. 슈테버딩을 팔로잉하다 보면 그녀가 얼마나 열정적인지, 여성 동료들을 어떻게 지지하고 지원하는지 알 수 있다. 그리고 본인의 SNS 채널을 플랫폼으로 제공하여 부하 직원들이 자신들의 주제를 발전시켜나가도록 돕고 있다. 이런 방법을 통해 슈테버딩은 전략 컨설팅이 더 친밀하게 피부에 와닿도록 만든다. 나는 이러한 태도들이 변화가 빠르고 복잡한 분야에서 더욱 중요하다고 생각한다.

이외에도 '산업을 파괴하라Disrupt the Industry'와 같은 새롭고 혁신적인 프로그램을 만들었다. 우리 시대 최고의 두뇌들이 모여서 미래에 대해 토론하고 미래에 가능한 콘셉트들을 구상하는 프로그램이다. '산업을 파괴하라'는 연사가 앞에서 강연하는 게 아니라 모든 참가자가 마음을 터놓고 디지털화와 그 도전에 대해 토론한다. 그리고 안드레아 슈테버딩은 올리버와이먼에서 #소셜CEO, 즉 디지털 채널에서 CEO의 포지셔닝을 가속화하는 사람 중 한 사람이다. 그래서 내게 슈테버딩은 진정한 선구자이다.

다음으로 좋은 퍼스널 브랜드를 가진 사람은 바로 마이크로소프트 CEO 사티아 나델라^{Satya Nadella}이다. 나델라는 그 누구보다도 리더십, 공감, 디지털 혁신과 같은 주제를 구현하고 지원한다. 그리고 이와 비슷한 목표를 가진 사람들에게 링크드인 페이지에서 플랫폼을 제공한다. 나는 나델라의 브랜드 핵심은 친밀감이라고 생각한다. 그의 목표는 다양한 면을 가진 거대 기업 마이크로소프트라는 브랜드를 사람들이 더 많이 경험하게 하고 마이크로소프트를 더 인간적으로 만드는 것이다. 그의 얼굴과 이야기는 마이크로소프트를 인간적이고 친밀감 있게 느끼게 할 뿐만 아니라 좀 더 쉽게 접근할 수 있도록 만들고 있다.

이는 마이크로소프트의 브랜딩 전략에서 결정적이었다. 마이크로소프트는 나델라가 취임하면서 새로운 시장 상황에 적응하고 기업의 존속을 위해 변화했다. 포용과 다양성은 이제 이 테크놀로지 기업에서 중요한 화두이다. 기업 문화의 관점에서뿐만 아니라 상품의 관점에서도 그렇다.

나델라가 이끄는 마이크로소프트의 핵심적인 두 가지 가치는 공감과 개방성이다. 나델라는 아들의 장애를 공개적으로 얘기하고 자신의 감정을 솔직하게 드러내기도 했다. 그는 직원들에게 "당신이 여기서 함께 일하는 것은 쿨해지기 위해서가 아니라 다른 사람들을 쿨하게 만들기 위해서이다.^{You join}

here, not to be cool, but to be make others cool"라고 이야기한다. 얼핏 듣기에는 별거 아닌 거 같지만 이 안에는 깊은 뜻이 있다. 다른 사람들을 '쿨하게' 만든다는 것은 과연 무슨 뜻일까? 이것은 다른 사람들이 자신들의 삶에서 진정한 부가가치를 창출하도록 도와야 한다는 의미다. 이런 목표를 달성하려면 공감과 친근감이 필요하며 나델라는 그것을 직원들에게 보여주고 있다.

마지막으로 모범적인 퍼스널 브랜드는 야니나 쿠겔^{Janina Kugel}이다. 2020년 1월까지 지멘스의 임원이자 인사부 책임자였다.[3] 야니나 쿠겔은 나의 강력한 롤 모델이다. 쿠겔의 최대 강점은 지속 가능한 주제를 아주 잘 선정한다는 점이다. 쿠겔은 자신의 현재 위치나 고용주와는 별개로 자신만의 주제를 추구한다. 그래서 신뢰감뿐만 아니라 독립성도 가지고 있다. 바로 이런 점이 오늘날 쿠겔이 더욱 모범이 되는 이유이다.

이제 '한 가지' 직업 교육을 받은 후 '한 가지' 직업으로, '하나'의 회사나 분야에서 은퇴까지 쭉 일하는 시대는 지나갔다. 그리고 이런 상황을 퍼스널 브랜딩에서도 고려해야 한다. 자신의 소셜 미가 자신이 일하는 회사와 밀접하게 연결될수록 회사를 옮길 때 리브랜딩하는 게 힘들다. 그 대신 회사가 아닌 자신만의 어떤 특정한 주제를 가지고 있다면 새로운 고용주를 찾는 게 더 수월해질 것이다.

있어 보이는 나를 만드는 법

예를 들어 야니나 쿠겔은 그 누구보다도 다양성을 추구한다. 그래서 어떤 회사로 옮기든 상관없이 쿠겔이 무엇을 추구할지 분명하다. 이는 쿠겔에게 무엇을 기대해야 하는지 확실하게 해줄 뿐만 아니라 다른 경쟁자들과 비교해도 강점이 분명하기 때문에 훨씬 유리한 위치에 서게 된다.

지금의 일을 그만두더라도 여전히 지속될 자신만의 주제를 찾아라.

롤 모델을 찾아서

당신의 롤 모델은 누구인가? 혹시 영감을 줄 누군가를 아직 찾고 있는가? 롤 모델은 어디에서나 찾을 수 있다. 주변에서, 가족, 직장 아니면 이 세상 끝에서 찾을 수도 있다. 중요한 것은 롤 모델이 누구이고 어디에서 찾았는지가 아니다. 왜 그 사람을 롤 모델로 결정했는지다.

롤 모델로 삼은 사람들의 행동에는 어떤 특징이 있는가? 그들의 어떤 특징, 능력, 가치를 가지고 싶은가? 롤 모델을 찾을 때는 항상 상호관계를 생각해야 한다. 우리는 롤 모델을 보고 따르지만 다른 한편으로는 소셜 미를 통해 우리 자신이 롤 모델이 되기도 한다. 따라서 본받고 싶은 롤 모델의 특징들이 자

있어 보이는 나를 만드는 법

신이 추구하는 주제와 일치하는지를 살펴야 한다.

자신이 다른 사람들의 롤 모델이 되었다면 스스로 질문해보자. 다른 사람들은 나의 어떤 점을 따라 하고 싶은 걸까? 내가 다른 사람들에게서 찾고 인정하는 가치와 같은 것인가?

이런 생각을 하다 보면 하나는 확실해진다. 사람들이 소셜미를 보고 당신을 롤 모델로 삼으면 그때부터 당신은 당신 자신과 행동에만 책임을 지는 게 아니다. 모든 말, 태도, 어떤 주제에 침묵하는 것조차 다른 사람들의 행동에 영향을 미치게 된다. 그러므로 자신의 롤 모델을 아주 신중하게 선정해야 하고 자신의 행동에도 최고로 엄격한 잣대를 들이대야 한다.

롤 모델과
멘토의 차이점

롤 모델과 멘토를 같은 개념으로 사용하는 경우가 많다. 하지만 자세히 들여다보면 둘은 아주 다른 개념이다. 유일한 공통점은 개인적인 발전이나 직업적 성취를 이루는 데 소중하고 대체할 수 없는 존재라는 것이다. 롤 모델은 멘토와 달리 이들과 반드시 교류하지 않아도 된다. 자신의 견해, 신념 또는 행동이 다른 사람들 눈에 띄어 롤 모델이 될 수 있다. 하지만 멘토와 멘티는 관계가 훨씬 더 직접적이다.

멘토는 조언하고 자신의 경험과 지식을 바탕으로 곁에서 지지해준다. 그런데 이때 잘못된 기대 때문에 실망하는 경우도 많다. 멘토의 역할은 누군가에게 이러저러한 결정을 하라

있어 보이는 나를 만드는 법

고 말하거나 멘티의 새로운 포지션을 정해주는 게 아니다. 전문 분야에서 자기 계발이나 다음 커리어 단계로 나아가는 데 도움을 주는 것이다. 그리고 자신의 경험을 바탕으로 새로운 시각과 비전을 제시하여 멘티가 결정을 내리는 데 도움을 줄 수 있다. 멘토는 객관적으로 바라보고 조언해줄 수 있으며 신뢰 관계를 통해 멘티가 잘못된 결정을 내리지 않도록 방지할 수도 있다. 아직 자신은 용기를 못 내지만 다른 사람이 볼 때는 새로운 포지션에 필요한 모든 능력을 이미 갖추고 있을 수도 있다.

브랜드 멘토가
필요한 이유

퍼스널 브랜드인 사람들은 자신을 뒤돌아보고 항상 새롭게 방향을 설정해야 한다. 내가 다루는 내용의 방향이 나의 목표와 일치하는가? 어떤 특정한 주제에 대해 의견을 말해야 하는가 아니면 가만히 있어야 하는가? 인지도를 높이기 위해 어떻게 해야 하는가? 전혀 의도하지 않은 분야에서 떠밀리듯 일하고 있는가? 다음 커리어 단계로 넘어가는 데 필요한 사람들과 교류하려면 무엇을 해야 하는가? 이런 질문을 규칙적으로 할 수 있어야 하고 또 해야만 한다.

그렇지만 질문에 대한 답을 혼자서 다 할 수는 없다. 자신을 제대로 바라보는 비판적 거리가 없기 때문이다. 주변 사람들은 변화를 모두 인지했는데 정작 자신만 자신의 변화를 미처 인지하지 못하는 경우가 있다. 브랜드 멘토는 이런 부분을 분명하게 보도록 도와주며 무엇에 집중해야 하는지 조언해줄 수 있다. 그런데 멘토가 이런 조언을 해주려면 멘토 자신도 강력한 퍼스널 브랜드를 가지고 있어야 하며 브랜딩에 대한 전반적인 지식이 있어야 한다. 이렇게 되면 브랜드 멘토를 할 수 있는 사람의 범위가 제한되지만 그만큼 중요한 역할을 해줄 수 있다.

브랜드 멘토는 내가 보지 못하는 부분을 보고 말해준다.

퍼스널 브랜드는 사람들 사이에서 유통되는 돈과 같다

소셜 미는 시장에서 유통되는 돈과 같다. 돈은 사람들이 날마다 교환하는 것이다. 퍼스널 마케팅을 한다는 것은 이 돈에 나만의 숫자와 그림을 그리는 행위이다. 그리고 이 돈은 사람들 사이에서 끊임없이 돌고 돈다.

예를 들어 경제의 디지털화가 주제인 한 정치 토론에 청중으로 앉아 있다고 상상해보자. 무대 위에는 도로테 베어Dorothee Bär, 독일 연방정부 초대 디지털부 장관-옮긴이, 브리기테 치프리스Brigitte Zypries, 독일 경제에너지부 장관-옮긴이, 크리스티안 린드너Christian Lindner, 독일 자민당 대표, 로베르트 하벡Robert Habeck, 독일 녹색당 대표-옮긴이이 앉아 있다. 모두 확고한 퍼스널 브랜드를 갖고 있는 사람

있어 보이는 나를 만드는 법

들이라 처음부터 누가 어떤 정당 편에 서서 어떤 포지션을 취할지 분명하다. 이제 이 토론에 다른 패널들이 참석했다고 상상해보자. 앞에서와 마찬가지로 서로 다른 정치 성향을 가졌지만 독일의 흔한 이름인 안나 블루메[Anna Blume], 도리스 뮐러[Doris Müller], 카르스텐 마이어[Karsten Meyer], 토르스텐 바르너[Thorsten Wagner]가 앉아 있다.

어떤 토론의 패널들이 바로 자신의 의견을 내면서 빠르고 원활하게 토론을 진행할까? 아마 첫 번째 토론의 패널들일 것이다. 네 명의 직업 정치인들은 자기만의 강력한 퍼스널 브랜드를 갖고 있기 때문에 누가 어떤 입장을 대변할지 분명하다. 하지만 두 번째 패널들은 자신이 어떤 입장을 대변하는지부터 입증하고 밝혀야 한다.

회사에서도 마찬가지다. 퍼스널 브랜드를 이미 구축한 사람은 재빠르게 어떤 주제와 연결을 지어 지식 교류가 훨씬 효율적으로 이루어진다.

제대로
네트워킹하기

소셜 미는 지식 교류에서 중요한 역할을 한다. 자기 자신과 자신의 인격, 지식, 네트워크의 접합점 역할을 한다. 소셜 미 또는 퍼스널 브랜드를 구축하고 관리하는 것은 네트워크를 구축하는 것과 같은 의미다. 이는 직업적인 네트워크일 수도 있고 사적인 네트워크일 수도 있다. 이런 맥락을 항상 의식하고 둘을 함께 생각하는 것이 중요하다.

네트워크는 소셜 미만큼이나 소중하다.

있어 보이는 나를 만드는 법

어떤 분야의 전문가든, 어떤 목표를 추구하든 우리는 늘 다른 사람들과 접촉한다. 이때 나의 브랜드 이미지는 메시지의 도달 거리를 늘리고 더 분명하게 인지하도록 도와주는 증폭기 역할을 한다. 퍼스널 브랜드에 어떤 효과가 있는지 알아보는 아주 간단한 방법이 있다. 먼저 자신의 네트워크에 속한 사람들을 떠올려보자. 그리고 네트워크에 속한 사람들 중 누가 무슨 주제를 대변하는지 생각해보자. 누가 무슨 주제를 다루는지 안다는 생각이 들면 그 사람의 소셜 미디어에 들어가서 그 생각이 맞는지 확인해보자.

브랜드를 구축하고 관리하는 일은 대부분 네트워크와 연결되어 있다. 전문 주제와 함께 자신을 포지셔닝하여 자신이 무슨 일을 하는지 네트워크가 알게 해야 한다. 그랬을 때 네트워크는 더욱 확장될 수 있다. 여기서 '도달 범위'는 '대중'이 아니다. 수천 명이나 수백만 명에게 도달하는 게 목표여서는 안 된다. 아무리 많은 사람에게 메시지를 전달하더라도 그 주제에 관심 있는 사람이 없으면 아무 소용이 없다.

따라서 네트워크에 속한 사람의 숫자에 연연해서는 안 된다. 10명으로 이루어진 네트워크가 1,000명으로 이루어진 네트워크보다 훨씬 막강하고 큰 도움이 될 수도 있다. 그 10명이 결정적인 도움을 주는 사람들이라면 말이다. 따라서 브랜드 전략을 세울 때 가능한 한 많은 사람에게 전달하려고 애쓰기 보다는 소통하려는 내용에 집중해야 한다. 그렇게 하면 언젠가는 당신과 당신의 메시지에 관심을 보이는 사람들을 찾을 수 있다.

> 자신을 드러내어 사람들의 눈에 띄어야 한다. 그게 열쇠다.
> 네트워킹뿐만 아니라 퍼스널 브랜딩에서도 마찬가지다.

🕐 나의 도전 7 　내가 추구하는 게 뭔지 프로필에 드러내라

프로필은 자신을 드러내는 간판이다. 사람들이 가장 먼저 보는 게 프로필이다. 내 프로필에 내가 추구하는 것이 정확하게 들어 있는지 살펴보자. 프로필에 자신이 추구하는 주제가 들어 있는가? 아니면 어디에서 일하는지만 적혀 있는가? 특히 트위터 같은 플랫폼에서는 간단명료한 것이 중요하다. 자신의 관심사를 분명하게 밝혀라. 완전히 낯선 사람의 입장이 되어서 프로필을 살펴보자. 프로필만 읽고도 당신을 팔로잉할까? 당신이 무엇을 추구하고 무엇에 헌신하는지 이해

있어 보이는 나를 만드는 법

할 수 있을까?

◉ 우리가 퍼스널 브랜딩을 추구하게 되면 자신도 모르는 사이에 다른

사람의 롤 모델이 될 수도 있으니 그 역할에 항상 신중해야 한다.

◉ 브랜드 전략을 세울 때 많은 사람에게 전달하는 게 목표가 아닌,

당신의 메시지에 관심을 보일 사람들을 목표로 삼아라. 그 사람들

이 바로 당신의 네트워크다.

8장 ▶
사람들의 머릿속에
오래도록 남는 방법

지금은 콘텐츠에
더욱 집중할 때다

여기까지 읽었다면 이미 많은 것을 해낸 것이다. 자신이 추구할 내용을 포지셔닝할 방법과 선호하는 소셜 미디어 채널도 결정했을 것이다. 그리고 자신에게 맞는 어조로 소셜 미디어에서 활동할 뿐만 아니라 다른 사람들도 당신을 전문가로 받아들이고 있을 것이다. 어쩌면 이미 추구하는 주제와 관심사에 맞는 행사나 이벤트에 초대받았을지도 모르겠다. 이제 브랜드를 관리하고 사람들의 기억 속에 오래 남는 방법에 대해 살펴보겠다. 지금부터는 '진짜 중요한 것에 집중하라!'라는 말을 가슴에 새기자.

　브랜드 핵심을 일단 확정했으면 희석되지 않게 조심해야

한다. 수많은 초대와 협력 요청이 들어올 것이며, 그때마다 아주 조금이라도 자신의 주제에 적합하다는 생각이 들면 받아들일까 하는 유혹에 빠진다. 하지만 조금이라도 애매하다면 "NO"라고 말하는 것이 무작정 영향력을 확대하는 것보다 도움이 된다. 조금 언짢게 들릴지도 모르겠지만 많은 사람, 기업, 조직이 관심을 보이는 이유는 당신이 어떤 주제의 전문가여서가 아니다. 그저 자신들이 필요로 하는 주제로 당신이 플랫폼을 구축했기 때문이다. 당신의 소셜 미디어 플랫폼을 통해 이익을 얻으려는 것뿐이다. 그러니 당신은 처음보다 더욱더 자신의 콘텐츠에 초점을 맞추고 집중하는 게 중요하다.

퍼스널 브랜드로서 플랫폼을 구축한다. 네트워크는 그냥 단순한 청중이 아니라 퍼스널 브랜드를 만드는 중요한 구성 요소다.

주변에서 이용하려는 상황이 계속되더라도 브랜드는 자신의 거라는 사실을 항상 명심해야 한다. 소셜 미디어에서 끼치는 당신의 영향력과 네트워크가 보내는 신뢰는 그동안 힘들게 노력해서 얻은 것이다. 퍼스널 브랜드를 구축하는 데 때로는 수백 시간의 노력이 들기도 한다. 그것만으로도 당신과 당신의 메시지는 가치 있고 소중하다. 기업들이 많은 돈을 지불하겠다고 해도 조심해야 한다. 만약 협력 관계를 맺게 되면 당신의 브랜드와 관련된 모든 사항은 반드시 당신이 결정해야 한다.

> 자신의 브랜드에 대한 통제권을 유지하라. 다른 사람들을 위해 자신의 메시지를 왜곡하면 단기적으로는 이익을 볼지 몰라도 장기적으로는 손해가 된다.

또한 퍼스널 브랜드는 원칙적으로 등록 상표로 보호받을 수 있다. 다른 상표와 마찬가지로 퍼스널 브랜드에도 동일한 법을 적용할 수 있다. 상표법 3조 1항에 따르면 사람의 이름은 상표로 보호받는다. 특정한 상품, 가령 케어 제품이나 운동용품에 자신의 이름을 붙여서 상품화할 때 그렇다. 지적 재산권 보호 차원에서 특허청에 퍼스널 브랜드를 상표 등록하는 것도 의미 있는 일이다. 그렇지만 브랜드 관리 측면에서 이런 법적인 절차는 장점도 있고 단점도 있다. 다만 어떤 특정한 작품이나 상품과 관련해서 분쟁이 생겼을 때는 상표 등록이 유리할 수 있다. 하지만 퍼스널 브랜드와 아이디어를 보호하는 데 훨씬 더 도움이 되는 것은 상표 등록보다 지속적인 브랜드 관리다.

브랜드 관리의
다섯 단계

소셜 미와 브랜드 핵심은 아주 귀하게 다뤄야 한다. 그 가치가 계속 유지될 수 있도록 지속적으로 신경 써야 한다. 다음 다섯 단계를 통해 사람들의 기억에 오래 남고 소셜 미의 윤곽을 확실하게 잡아갈 수 있다. 브랜드는 시간의 흐름에 맞춰서 점검하고 조정하거나 재정비해야 한다. 그러니 자신의 브랜드 상태를 정기적으로 살펴보자.

정기적으로 반드시 브랜드 관리를 해야 한다. 적어도 1년에 한 번은 자신의 브랜드를 철저하게 점검해봐야 한다. 달력에 표시해두는 것도 좋다.

1단계: 일관성을 유지하자

주의를 기울이지 않으면 시간이 지나면서 일관성을 잃을 수 있다. 브랜드의 주제, 메시지, 시그니처 룩, 어조 등에서 말이다. 이런 부분에서 일관성은 퍼스널 브랜드의 인지도를 유지하고 높여주기 때문에 아주 중요하다. 예술가들을 한번 떠올려보자. 만약 렘브란트와 그의 화풍에 관심이 있는 사람이라면 미술관에서 렘브란트의 그림을 바로 알아볼 가능성이 크다. 왜냐하면 렘브란트가 일관성을 유지했기 때문이다! 그의 화풍은 독특해서 언제나 알아볼 수 있다. 특징적인 갈색톤, 유명한 빛과 그림자 놀이 등의 모든 특징은 그의 그림에서 찾아볼 수 있다. 마찬가지로 유명하고 재능 있는 인스타그램 사용자들의 프로필에서도 일관성을 엿볼 수 있다. 이들의 사진에는 비슷한 특징이 있다. 항상 비슷한 모티브가 있고 사진 스타일이 동일하거나 특정한 색상이 드러난다. 만약 렘브란트에게 인스타그램 계정이 있었다면 그의 일관성 있는 특징이 고스란히 드러났을 것이다.

일관성은 어떤 일정한 지점에 이르렀을 때야 비로소 정말 중요해진다. 처음에는 일관성에 대해 크게 생각하지 않아도 된다. 초기 단계에서는 퍼스널 브랜드를 만들 때 항상 개방성을 유지하고 용기 있게 다양한 실험도 강행하면서 여러 시도를 해보는 게 좋다. 이를 통해 자신에게 맞는 스타일과 어조를 찾아야 한다. 이런 게 모두 끝나고 자신의 소셜 미 인지도를 높여야 할 때 비로소 일관성이 중요해진다. 일관성은 오래 유지하는 게 열쇠다. 시간이 흘러야 일관성에도 비로소 가치가 생긴다.

> 결정하기 애매한 상황일 때는 "NO"라고 대답하는 것이 일관성을 유지하는 길이다.

다음과 같은 상황을 한번 상상해보자. 당신은 특이하고 알록달록한, 특히 형광색을 즐겨 입는다. 어느 날 저녁 파티에 초대받고 고민하기 시작한다. 자신의 시그니처 룩을 입고 가면 단연 눈에 띌 것이다. 그렇다면 초대받은 파티 분위기에 맞춰서 클래식한 검은색 옷을 입어야 할까? 만약 일관성이 중요한 시점일 때는 자신의 노선을 충실히 따르자. 그런 파티에서도 인스타그램이나 트위터에 올릴 수 있는 많은 사진이 나올 테니까 말이다.

그런데 메시지의 내용과 관련 있을 때는 조금 더 어렵다. 예를 들어, 새로운 지속 가능한 경제의 형태에 관심을 가지고 참여하고 있다고 가정해보자. 어느 날, 스타트업 기업에서 일하는 친구가 새로운 제품을 시장을 내놓으려고 한다면서 협력을 요청한다. 그 제품은 집 안에서 더 많은 안전을 보장하는 기술적인 툴이라고 가정해보자. 당신의 브랜드 핵심에는 맞지 않지만 친구를 도와주고 싶다면 어떻게 해야 할까? 이런 애매한 경우에도 되도록 자신의 브랜드 핵심을 지키는 게 좋다. 도와줄 수 있는 다른 대안을 찾는 것이 더 나은 해결책이 될 수 있다.

2단계: 신뢰성과 자연스러움에 유의하자

퍼스널 브랜딩에 대한 가장 큰 오해는 신뢰성과 관련된 것이다. 많은 사람이 퍼스널 브랜딩을 다른 사람들의 시선에 의해 정해진 거라고 생각한다. 하지만 여기까지 읽은 독자라면 그 반대라는 것을 알고 있을 것이다. 자신을 왜곡하지 않고 '남의 조종도 받지 않으며' 자신의 가치를 지속적으로 드러낼 때 소셜 미는 신뢰를 얻는다. 그리고 이 신뢰는 자연스러움과 관련되어 있다. 솔직하고 진정성 있는 모습을 꾸미지 않고 보일 때가 가장 자연스럽고 특별하며 독특하다. 직업이 연기자

있어 보이는 나를 만드는 법

가 아니라면 연기도 하지 않는 게 좋다. 자신이 되고자 하는 사람이 아니라 있는 그대로의 모습을 정직하게 보여주자.

그렇다고 해서 모든 단점을 공개적으로 드러내라는 게 아니다. 다만 정직해야 한다. 정직성은 다른 사람들에게 솔직하고 진정한 신뢰를 주며 다른 사람의 신뢰를 악용하지 않는 것을 의미한다. 상대방에 대한 진정한 관심과 건강하고 진지한 호기심은 퍼스널 브랜드를 구축하는 데 도움이 될 뿐만 아니라 네트워크를 구축하는 토대가 된다.

3단계: 네트워크와 커뮤니티를 점검하자

소셜 미는 진공의 공간에 존재하는 게 아니다. 퍼스널 브랜드의 가장 큰 목적은 메시지를 가능한 한 효율적이고 명백하게 자신의 네트워크에 전달하고 소통하는 것이다. 그러므로 정기적으로 네트워크와 커뮤니티를 점검해야 한다.

네트워크를 관리할 때 '네트워킹은 일방통행이 아니다'라는 중요한 계명이 있다. 당신의 커뮤니티는 그냥 당신의 말에 귀 기울이기 좋아하는 소극적인 청중이 아니라는 것이다. 커뮤니티는 상호작용을 기반으로 한다. 누구나 가져가는 것보다 기꺼이 주는 것을 좋아할 때 네트워크는 기능을 더 잘 발휘한다. 따라서 규칙적으로 자신의 네트워크와 소통하는 데 시간을 할애하자. 무엇이 그들을 움직이는가? 혹시 당신이 도움을 줄 수 있는 프로젝트를 진행하고 있는가?

4단계: 항상 소통하라

퍼스널 브랜드를 신뢰감 있게 구축하려면 소통이 필수적이다. 이런 맥락에서 브랜드 관리는 양뿐만 아니라 질에서도 유의해야 한다. 자신의 네트워크와 정기적으로 접촉하는가? 디지털 채널을 통해서만 소통하는가? 아니면 다른 기회가 있을 때도 모습을 드러내는가? 온라인과 오프라인으로 전하는 메시지가 일치하는가? 어조는 적절한가? 아니면 변화를 줘야 할 때가 되었는가? 소통에는 적절한 채널을 사용하는 것도 중요하다. 이용 중인 소셜 미디어 채널은 자신의 메시지와 잘 어울리는가? 아니면 새로운 시도를 할 때가 되지는 않았는가?

또 많은 사람이 일상에서 쉽게 놓치는 것이 있다. 바로 '모든 정보는 아직 유효한가?'라는 부분이다. 인터넷에서 당신을 처음 찾아보는 사람들은 당신의 다양한 프로필을 먼저 살핀다. 그러니 모든 곳에서 일관된 내용으로 소통하고 있는지 유의하자. 시각적인 소통도 기본이다. 프로필 사진을 정기적으로 업데이트하자. 사진은 천 번의 말보다 더 많은 것을 말해준다. 운전면허 사진이나 얼마 전에 간 휴가지 사진은 적절하지

있어 보이는 나를 만드는 법

않다. 프로필에는 자신의 주제와 잘 맞고 자신을 잘 표현하는 사진을 올려야 한다. 자신이 처한 상황에 맞게 적절한 변화를 주되 일관성을 유지하라는 1단계 내용과 충돌하면 안 된다.

5단계: 브랜드 핵심이 유효한지 점검하자

브랜드 핵심 내용이 여전히 적절한지 정기적으로 점검해야 한다. 사람들은 계속해서 발전하며 시간이 지나면서 주제도 변할 수 있다. 전문 지식을 바탕으로 커리어 다음 단계로 올라가려면 목표에 도달한 이후에는 브랜드 핵심을 점검하고 적절하게 변화를 줘야 한다. 또한 내용 면에서도 계속 발전해나가야 한다. 어떤 주제를 오래, 집중적으로 다루다 보면 더 다뤄보고 싶은 부분이 나타나기 마련이다.

예외 없는 규칙은
없다

다섯 단계의 조언과 방법은 어디까지나 제안에 불과하다. 방향을 제시하는 모범 사례 정도로 이해하면 된다. 거스를 수 없는 법칙이나 규칙이 아니다. 여러 책에서 다양한 팁을 제공하지만 다른 전략을 구사하여 성공한 사례들도 많다.

　말이 나온 김에 예술 분야에서 사례 하나를 더 들겠다. 렘브란트와는 완전히 다르게 접근한 사람인 피카소 이야기다. 피카소도 아주 강력한 퍼스널 브랜드를 가지고 있고 인지도 역시 아주 높다. 피카소는 평생 예술가로 살면서 하나의 스타일만 따르지 않았다. 그런데도 강력한 퍼스널 브랜드와 인지도를 만드는 데 성공했다. 피카소가 일명 '청색 시대^{blue period,}

^{1901~1904}'에 그린 그림들은 입체주의 시대에 그린 그림들과 아무런 연관성이 없다. 또한 추상적인 현대 그림과 말년의 그림들과도 전혀 관련이 없다.

그렇다면 일관성은 불필요하고 과대평가된 것인가? 당연히 아니다. 하지만 모두에게 똑같이 적용되고 모두가 반드시 지켜야 하는 단 하나의 처방 같은 것은 없다. 얼마든지 자신만의 방점을 찍거나 새로운 시도를 할 수 있다.

공(公)과
사(私) 사이

브랜드 관리와 관련해서 마지막으로 하나 더 이야기하겠다.
소셜 미디어나 회사, 그 외 다양한 행사 등에서 대중 앞에 나
서야 할 때, 일반인으로서의 모습과 대중이 인지하는 소셜 미
사이에서 경계가 모호해진다. 자신을 일반인으로 이해하는
지, 아니면 공인으로 이해하는지에 따라서 권리(예를 들어 사진
같은)에 근본적인 차이가 발생한다. 미리 밝히자면 나는 법률
전문가가 아니다. 그래서 헤르팅 로펌의 파트너 변호사이자
IT 법 관련 전문가인 마를레네 슈라이버 변호사에게 간단하
게 설명해달라고 부탁했다.

공인과 일반인의 차이는 무엇인가?

독일 미디어법에는 '공인'이라는 개념이 존재하지 않는다. 가장 의미가 비슷한 개념이 '시대사적 인물Person der Zeitgeschichte'이다. 이런 인물은 아주 다양한 방법으로 유명세를 탄다. 예를 들어 정치가 또는 연기자라는 직업으로 유명해질 수 있다. 특별한 능력이나 사건으로 시대사적 인물이 될 수도 있다. 어떤 사람의 사진이 당사자의 허락 없이 퍼져나가고 공개되어도 되는지, 그 사람의 사생활을 어느 정도까지 보도해도 되는지가 중요한 문제가 된다.

일반인은 원칙적으로 '방해받지 않을' 포괄적인 권리를 가지지만 시대사적 인물은 대중에게 자신에 대한 정보나 사진이 수시로 공개되는 것을 감수해야 한다. 이런 관심이 어느 정도까지 허용되느냐는 개별적으로 다르다. 하지만 공개적으로 대중 앞에 나서는 사람들은 때에 따라서 사생활에 대한 보도도 받아들여야 한다. 대중에게 정당하게 알 권리가 있거나 스스로 보도를 허용했거나 스스로 사생활을 보고할 때 그렇다.

그렇지만 유명인이라고 해도 사적 영역과 가족의 영역까지 대중에게 알려야 하는 것은 아니다. 예를 들어 주거지 안에서 또는 공개적인 장소라고 해도 사적인 상황이 분명할 때 그렇다. 아이와 청소년, 유명 인사의 자녀들도 보호받아야 하며 공적인 관심보다는 이들의 인격권을 우선해야 한다.

사적 영역에 대한 권리는 무엇인가?

사적 영역에 대한 권리는 기본법에 근거한다. 더 정확히 말하면 2조 1항, 1조 1항에 있는 일반적인 인격권에 근거한다. 누구나 자유로이 자신의 인격을 지킬 수 있어야 하며 이를 위해 사생활 영역은 보장받을 권리가 있다. 사생활에서 우리는 '방해받지 않아야' 하며 이는 집 안에서만 해당하는 게 아니다. 낯선 시선이 미쳐서는 안 되는 모든 곳에 해당한다.

온라인 포스팅은 사적인가, 공적인가?

포스팅이 잠재적인 수신자가 될 수 있는 불특정한 대상을 위한 것인지, 아니면 어떤 사적인 그룹의 특정한 사람들을 위한 것인지에 따라 다르다. 원칙적으로는 글을 올린 후 공개, 비공개 등 어떤 옵션을 선택하느냐가 관건이다. 각 네트워크에 공개 설정을 '친구와 가족'으로 제한할지, 모두에게 공개할지 설정할 수 있다. 모두에게 공개 설정을 하면 어쨌든 그 글은 공개적인 것이 된다. '친구와 가족'으로 제한하더라도 상황에 따라 다르다. 친구들에게만 공개한다고 설정하더라도 그중에는 직장 동료도 있고 먼 친척도 있을 수 있다. 또한 수

있어 보이는 나를 만드는 법

신자의 수도 사적인지 공적인지 판단하는 데 중요한 역할을 한다. 공개 설정한 친구 그룹이 클수록 아무리 제한 설정을 했다고 해도 공개적인 포스팅이라고 볼 수 있다.

공적인 삶을 사는 사람들에게도 적용되는가?

공인의 사진은 큰 제약 없이 공개되는데 이때 그 사진에 무엇이 들어 있고 어떤 상황에서 찍힌 사진인지가 중요하다. 공인의 삶을 살더라도 지극히 사적인 영역이나 은밀한 상황에서는 보호받을 권리가 있다. 누가 봐도 사적인 순간이나 은밀한 생활인데 이러한 부분을 침해하여 관련 사진을 퍼뜨리면 그 사진의 삭제를 요구하거나 금지할 권리가 있다.

'좋아요'의 경우에는 어떠한가?

'좋아요'에 대한 법적인 분류는 아직 최종 결론이 나지 않았다. 일부에서는 '좋아요'를 구속력 없는 호의의 표현이라고 보지만 그 내용에 따라서 논쟁의 여지가 있기도 하다. 이런 표현이 어떤 플랫폼에서는 아주 크게 눈에 띌 수도 있고 '좋아요' 대신 박수, 하트 또는 '싫어요'로도 표현할 수 있다. 이런 식으로 특정 내용에 대한 자신의 입장을 알리고 그 내용이 자신의 네트워크에 모두 공개된다. 특히 어떤 포스팅에 동의하는 댓글을 달면 네트워크에 속한 사람들은 당신의 의견으로 받아들이게 된다. 따라서 법에 어긋나는 내용에 아무 생각 없이 '좋아요'를 누르지 않도록 특히 조심해야 한다.

정확히 언제부터 공인인가?

어디까지 공개될 수 있는가는 앞에서 말했듯이 대중에게 얼마나 널리 알려졌느냐가 관건이다. 모든 인플루언서를 공인으로 볼 수는 없지만 특별히 영향력이 강한 인플루언서들은 공인으로 볼 수 있다. 법적 의미에서는 아직 '시대사적 인물'로 볼 수 없더라도 인플루언서는 정기적으로 대중에게 모습을 드러내는 사람이다. 그러므로 그 결과도 어느 정도 감수해야 한다. 아직 팔로워 수가 많지 않은 인플루언서라도 인터넷에서 어떤 특정 주제에 의견을 개진하면 자기 마음에 드는 형태와 맥락으로만 연결되지는 않는다.

브랜드 관리를 할 때 이런 사실을 항상 유념해야 한다. 유명해질수록 자신의 이미지에 대한 통제권을 내려놓아야 한다. 다른 사람들이 당신에 대한 글을 쓰거나 사진을 포스팅할 수 있다. 이것이 당신이 추구하는 방향과 맞느냐 아니냐는 당신이 결정할 수 없다. 그럴수록 당신은 공인으로서 더욱더 퍼스널 브랜딩과 브랜드 관리에 주의를 기울여야 한다. 그렇게 해

있어 보이는 나를 만드는 법

서 자신이 추구하는 주제와 현재 방향이 당신에 대한 세상 사람들의 논의에 영향을 미치도록 해야 한다.

🔆 나의 도전 8　내 프로필에 일관성이 있는지 점검하자

시간을 내서 소셜 미디어에서 활동하는 나의 모습을 점검해보자. 모든 플랫폼을 망라해서 이미지가 일관성 있는가? 프로필 사진부터 소개까지 어디서나 같은 인상을 심어줘야 한다. 당신이 지향하는 내용이나 시그니처 룩이 최근에 변했는가? 그렇다면 낡은 것을 정리해야 할 때가 되지 않았는지 생각해보자. 지금의 방향과 맞지 않는 오래된 사진은 삭제하고 유효하지 않은 링크와 태그도 삭제하자.

📝 요점 정리

◉ 나의 퍼스널 브랜딩을 만들었다면 그때부터는 이것을 정기적으로 점검하고 일관성을 유지하는 데 집중해야 한다.

◉ 내가 유명해질수록 내 이미지에 대한 통제권을 내려놔야 한다. 그리고 내가 추구하는 주제가 사람들의 논의에 영향을 미치도록 해야 한다.

9장 ▶
새로운 나로
리브랜딩(Re-Branding)
하기

인생은 단편소설이
아니기 때문에

그동안 추구하던 주제를 다룰 만큼 다뤘고 인생의 전환점에 서 있는가? 아니면 그냥 새로운 시각이 필요하거나 뭔가 새롭게 전열을 가다듬어야 할 것 같은가? 인생은 갖가지 변화와 전환점, 새로운 시각으로 가득하다. 현재의 노동 환경을 보면 그 사실을 여실히 알 수 있다. 부모님 세대 때만 해도 처음 선택한 하나의 직업을 은퇴까지 쭉 유지하는 게 당연했다. 한 번 배운 지식과 축적된 경험의 유효 기간이 길었다.

그렇지만 Y세대와 그 뒤의 세대에게는 이 모든 것이 적용되지 않는다. 내가 자라면서 함께했던 것들이 이제는 존재하지 않는다. 나조차도 그것들이 구식처럼 느껴진다. CD, 디스

켓, DVD 또는 가장 친한 친구에게 선물했던 믹스테이프처럼 아주 일상적인 것들부터 말이다. 여기서 더 나아가 학교나 대학에서 배운 지식도 마찬가지다. 오늘날 기업가로서 필요한 지식은 대부분 최근 몇 년 사이에 습득한 것들이다. 기업을 운영하는 데 필요한 지식은 학교에서 전혀 배우지 못했다. 디지털화나 다양성 같은 주제는 최근 몇 년 사이에 사람들 사이에서 관심을 끌기 시작했다. 이런 현실을 볼 때 오늘날에는 자신의 브랜드 핵심을 돌에 새기듯 변하지 않는 것으로 생각해서는 안 된다.

누구나 살아가면서 새로운 방향 전환을 모색해야 하는 시대가 되었다. 외부 환경이 극적으로 변하면 퍼스널 브랜드와 소셜 미도 새롭게 정비해야 한다. 하지만 아직 많은 사람이 이를 어려워한다. 자신의 인격까지 바꿔야 한다고 생각하기 때문이다. 실제로는 그렇지 않다. 다른 분야에 몰두하면서 자기계발을 하고 더욱 성장한다고 해서 자신의 인격이나 가치가 바뀌지는 않는다. 마케팅 전문가 보조마 세인트 존은 여기에 대해 이렇게 말했다.

"지난 20년간 나는 일이 가장 중요했다. 야망이 넘쳤고 모든 상을 휩쓸고 싶었다. 승진도 하고 싶었고 다른 일자리를 가지고 싶었다. 나는 이 모든 것을 원했다. 나는 올라가고 싶었다.

(……) 이것은 오랫동안 나의 브랜드 핵심이었다. 하지만 이제 나는 브랜드 핵심을 바꿨다. 브랜드 핵심은 발전해가는 것이고 그냥 정적으로 멈춰 있지 않다. 바로 이게 아름다운 점이다. 브랜드 핵심은 변할 수 있다. 인생을 살아가다 보면 '그래, 좋아. 이제 다른 것을 하고 싶어'라고 말할 수 있다. 그렇다고 해서 예전의 자신을 전부 포기해야 한다는 의미는 아니다. 나는 계속 발전해나갈 것이다. (……) 이제 나는 내 성공을 의미 있는 것으로 바꾸고 싶다. 의미 있는 사람이 되고 싶다."

이렇듯 변화는 지금까지 이룬 모든 것을 포기하라는 의미가 아니다. 계속해서 앞으로 나아가면서 다음 단계를 밟는 것이다.

리브랜딩을 위한
세 가지 전략

리브랜딩에서 가장 중요한 것은 이런 변화를 자신의 네트워크와 어떻게 소통하느냐이다. 특히 몇 년 동안 많은 시간과 에너지를 들여서 특정한 이미지를 네트워크에 심어주었다면 신중하게 접근해야 한다. 처음 재정비가 필요하다고 느낄 때는 마치 등산화도 신지 않은 채 거대한 산 앞에 서 있는 듯한 기분이 들 것이다. 변화는 사람을 불안하게 만든다. 하지만 변화를 통해 성장하고 결국에는 더 강해지며 어쩌면 전보다 더 나은 모습이 되기도 한다. 자신이 설정한 목표를 달성할 전략을 직접 세워보는 게 중요하다.

아래에 세 가지 전략을 소개하겠다. 서로 상당히 다른 전략

있어 보이는 나를 만드는 법

들이지만 서로 모순된다고 할 수는 없다. 각각의 상황에 맞는 각기 다른 해결책이기 때문이다. 하나의 목표를 향해 가는 서로 다른 세 가지 길이 아니다. 각각 특정한 상황에 맞는 해결책이다.

전략 1: 공통점과 연결점을 찾아라

첫 번째 전략은 지금까지 해온 일과 앞으로 하고 싶은 일 사이에 연결점을 만드는 것이다. 자신의 어떤 능력을 새로운 활동이나 새로운 주제 영역에서 중요하게 사용할 수 있는가? 그동안 일을 추진한 동기는 무엇이고 앞으로도 그 동기로 계속 진행할 수 있는가?

새로운 일을 할 때 일관성은 불안을 없애는 데 도움이 된다. 그래서 사람들은 공통점을 만들어서 알지 못하는 것을 파악하거나 이해할 수 없는 것들 사이의 관련성을 설명하려 한다. 이런 학습 전략은 리브랜딩을 하는 데도 도움이 된다.

이런 전략을 익히고 생산적으로 적용한 예를 한번 들어보겠다. 타잔처럼 정글에서 덩굴줄기를 잡고 옮겨 다니는 상상을 해보자. 덩굴줄기는 자신의 능력이나 주제 중 하나다. 덩굴줄기를 꽉 붙잡고 있으면 안전하고 이쪽에서 저쪽으로 옮겨갈 수 있다. 하지만 숲 끝까지 가고 싶으면 익숙한 곳에서만 움직이면 안 된다. 이 나무에서 저 나무로 옮겨가면서 먼 거리를 이동해야 하고 이때 만나는 여러 난관도 극복해야 한다. 그리고 다른 덩굴줄기를 잡으려면 잡고 있던 덩굴줄기를 어느 순간에는 놓아야 한다. 도움이 되던 첫 번째 덩굴줄기를 놓고 새로운 덩굴줄기를 잡아야 한다. 새로운 덩굴줄기는 익숙하지 않은 숲의 새로운 곳으로 나를 데려가줄 것이고 그렇게 앞으로 계속 나아가게 된다.

다음 단계로 가려면 옛것, 익숙한 것을 내려놓는 용기가 필요하다. 이게 내가 말하고 싶은 요점이다. 한번 길이 만들어지면 자신의 속도로 걸어갈 수 있다. 한 발 한 발, 또는 한 덩굴줄기에서 다음 덩굴줄기로 이동해갈 수 있다.

처음에는 변화가 너무 크고 두려울 수 있다. 그래도 한 발 한 발 내디디면 극복할 수 있다. 이때 뒤에 남겨진 것에 너무 오래 매달리지 않는 게 중요하다.

이 전략을 리브랜딩에 적용하면 이렇다. 먼저 목표로 삼은 변화를 천천히 준비하자. 완전히 다른 전문 분야에서 일하더라도 예전의 일과 현재 일 사이에서 공통점을 찾아보고 이를

있어 보이는 나를 만드는 법

텍스트나 인스타 스토리에 기록하고 정리해보자. 이렇게 공통점과 일관성을 찾아보면서 천천히 넘어가자. 그러면 네트워크에 과중한 부담을 주지 않으면서 천천히 따라오게 할 수 있다. 변화를 설명하고 체험하도록 해서 자신의 네트워크에 속한 사람들을 이해시키는 것이다.

전략 2: 변화를 이야기로 만들어라

또 다른 소통의 방법은 변화 자체를 주제로 삼는 것이다. 예를 들어, 기술의 발전으로 완전히 새로운 분야를 배워야 하는가? 이는 틀림없이 많은 사람이 흥미로워할 주제다. 그들도 비슷한 상황이거나 앞으로 그런 상황에 놓이게 될 것이기 때문이다. 여기서도 퍼스널 스토리텔링 분야에서 습득한 모든 지식이 제 몫을 톡톡히 할 것이다. 전환과 변화에 대한 이야기는 끝도 없이 많기 때문이다. 직무를 전환할 때 어떤 도전을 받을까? 이 전환기 동안 경험하고 느끼는 것은 무엇일까? 어떤 지식을 새롭게 익혔는가? 지금까지 경험한 것 중에서 무엇이 지금 특히 도움이 되는가? 새로운 시작을 하게 하는 원동력은 무엇인가? 예기치 못한 시련에 어떻게 대처하는가?

변화는 인생에서 가장 흥미진진한 시간이 될 수 있고 다른 사람들은 바로 이런 이야기에 흥미를 느낀다. 그럴 만한 근본적인 이유가 있다. 모든 문화권을 뛰어넘어 이야기를 특징짓는 서사적 기본 패턴이 있다. 크리스토퍼 부커 Christopher Booker 도 『일곱 가지 기본 플롯: 우리는 왜 이야기를 하는가 The Seven Basic Plots: Why We Tell Stories』라는 책에서 그렇게 주장했다. 스토리텔링을 주제로 쓴 책인데 'Rebirth', 즉 재탄생이라는 제목의 장에서 새로운 시작에 대해 썼다.

다양한 시대와 문화권을 통틀어서 새로운 시작이라는 주제는 언제나 중요한 역할을 했다. 그리고 그런 내용을 알아가는 것은 정말 매혹적이었다. 의붓어머니에게 사과로 독살당한 백설 공주를 예로 들어보자. 이 이야기의 클라이맥스이자 전환점은 백설 공주가 목에 걸린 독 사과를 뱉어내고 다시 살아나는 장면이다. 운명적인 사건과 불행은 삶의 일부이고 그 후에 언제나 새로운 시작이 찾아온다. 리브랜딩은 이렇게 새로운 삶을 시작하는 것과 같다. 진짜 삶에서는 왕자님을 기다리지 않아도 되어 다행이다.

새로운 시작을 앞두고 있는가? 그렇다면 당신을 소중하게 생각하는 모든 사람이 당신과 당신의 이야기를 이해해줄 것이다. 변화와 새로운 시작을 리브랜딩의 콘텐츠로 만들어라.

있어 보이는 나를 만드는 법

우리는 인생이 직선으로 나아간다고 생각하지만 사실은 불안정한 변화와 과도기를 겪는다. 그게 보통의 인생이다. 리브랜딩을 할 때 바로 이런 점을 이용할 수 있고 뿌리 깊은 이야기 형식을 사용할 수 있다. 이를 통해 자신의 변화를 스스로 극복할 뿐만 아니라 다른 사람들에게도 잘 전달할 수 있다.

전략 3: 영화의 장면 전환처럼

세 번째 전략은 완전히 리셋해야 하는 상황에서 필요하다. 살다 보면 분명히 가장 어려운 순간이 찾아올 것이다. 그럴 때 슬기롭게 잘 넘겨야 한다. 끝낼 것은 끝내고 새로운 시작을 해야 하는데 지금의 상황을 한탄하면서 새로운 시작을 미룬다면 아무에게도 도움이 되지 않는다. 모든 시도를 다 해봐도 안 될 때가 있다. 그럴 때는 영화에서 다음 장면으로 넘어가듯이 갑작스럽게 장면 전환을 하는 것밖에 없다. 이때 새로운 시작을 하는 데 도움이 되는 것은 새로운 브랜드 이름이다.

스타트업을 예로 들어보겠다. 이런저런 시도 끝에 기존의 사업 모델을 더는 운영할 수 없다는 것을 깨달았다고 하자. 이유는 차고 넘친다. 세상이 아직 그 아이디어를 받아들일 준비가 안 되었을 수도 있고, 문제의 해결책이 이미 나와 있는데도 그 방법을 과소평가해서 활용하지 않았을 수도 있다. 하지만 팀은 자신을 믿기 때문에 사업을 계속하려고 한다. 원래의 아이디어를 가지고 다양한 시도를 했기 때문에 기업의 이름과 브랜드는 긴밀하게 연결되어 있다. 이런 경우에는 새로운 브랜드 이름과 신선한 아이디어로 새로 시작해야 한다. 특히 처음에는 브랜딩에 많은 시간과 에너지를 쏟아야 한다. 다시 제로에서 시작하는 셈이니까 말이다.

물론 개인적으로 막다른 골목에 갇혔다면 당연히 새로운 이름을 짓는 게 힘들다. 하지만 완전히 새로운 인생을 시작하라는 말이 아니라 어렵더라도 소셜 미에 조금이라도 신선한 자극을 주라는 말이다. 손을 댈 수 있는 부분은 많다. 예를 들어 새로운 방향에 어울리는 새로운 시그니처 룩을 만드는 것은 어떨까? 이런 상황에서 외적인 변화를 주는 것은 아주 사소한 것일 수도 있지만, 원래 변화는 이런 작은 것에서부터 출발한다. 또한 모든 디지털 플랫폼에서 프로필을 새로 작성하는 게 좋다. 프로필 사진과 설명을 새로 바꾸고 새로운 내용으로 포스팅을 해야 한다. 새롭게 설정한 방향을 네트워크가 알아차리고 이해하고 기억할 때까지는 다다익선의 자세를 유지해야 한다.

있어 보이는 나를 만드는 법

리브랜딩을 할 때
일관성에 유의하자

브랜드 관리를 할 때와 마찬가지로 리브랜딩에서도 일관성은 본질적이고 중요하다. 새로운 시작을 한다면 교류하는 모든 사람이 이 사실을 알아차릴 수 있도록 해야 한다. 마케팅에서는 '터치포인트^{Touchpoint}'라고 하는데 퍼스널 브랜드, 자기 자신, 네트워크, 고객, 동료 또는 친구들 사이에 접점이 있어야 한다. 그렇지 않으면 지금 어디로 가고 있는지 알지 못한 채 당혹감과 혼란으로 힘들어질 것이다.

🔆 나의 도전 9 **1년에 한 번씩 나만의 타임캡슐 만들기**

현재 상황을 제대로 분석하는 것이 리브랜딩에서 아주 중요하다. 자신의 출발점을 정확히 알면 새로운 포지션을 정하거나 기존의 것과 거리를 두는 게 쉬워진다. 1년에 한 번씩 타임캡슐을 만들어보자. 그리고 소셜 미에 새로운 변화를 주려고 할 때마다 그것을 열어보자. 타임캡슐에는 다음 질문에 대한 대답을 적어보자. 나는 누구이고 지금 어떤 상태인가? 지금 무엇을 하고 있고 나의 목표는 무엇인가? 무엇으로 유명해지고 싶은가? 다른 사람들이 나를 생각할 때 가장 먼저 떠올리는 건 뭔가? 나의 색깔, 로고, 시그니처 룩, 프로필 사진은 무엇을 말하고 있는가? 나만의 고유한 특징은 무엇인가? 어떤 채널을 통해 나의 친구, 고객들과 소통하고 있는가?.

📑 요점 정리

◉ 최근에 자신의 생활에 근본적인 변화가 생겼는가? 그렇다면 퍼스널 브랜드도 재정비할 필요가 있다.

◉ 리브랜딩을 할 때도 퍼스널 브랜드, 자기 자신, 네트워크, 고객, 동료 사이에 터치포인트를 살리면서 일관성을 유지해야 한다.

있어 보이는 나를 만드는 법

10장 ▶
위기 속에서
힘이 나온다

나의 브랜드가 타격을 입으면
어떻게 해야할까?

조금 진부하게 들릴지 모르지만 삶에 오르막과 내리막이 있듯이 퍼스널 브랜드도 마찬가지다. 하지만 내리막이라고 해서 너무 절망할 필요는 없다. 오히려 자신의 브랜드나 평판에 좀 더 집중하고 점검할 기회가 될 수 있다.

그러니 있는 그대로 받아들여야 한다. 위기는 언제나 누구에게나 생기기 마련이다. 내 경험상 위기를 피해갈 수 있는 사람은 거의 없다. 특히 대중 앞에 나서야 하는 사람이라면, 비록 자신의 네트워크 안에 있는 '작은 대중'이라고 해도 적대감을 가진 사람을 피해갈 수는 없다. 나는 염세주의자도 아니고 꼬인 사람도 아니다. 환상을 버리라는 것뿐이다. 평판과 신퇴성은 공격에 아주 취약하다. 누군가의 평판을 문제 삼기는 너무 쉽다. 중요한 것은 나의 평판에 위기가 닥쳤을 때 회피하거나 상황을 모면하려고 하지 않는 것이다.

위기를 해결하기 위해서는 유머가 필요하다. 어려운 일을 겪고도 일단 웃을 수 있는 사람은 그 사안과 어느 정도 거리를 둘 수 있다. 그렇게 하면 조금 긴장을 풀고 위기관리 다음 단계로 넘어갈 수 있다. 하지만 실패나 실수에 만병통치약처럼 유머를 사용해서는 안 된다. 유머는 진의를 퇴색시킬 수 있고 최악의 경우에는 일을 더욱 악화시킬 수도 있다. 유머에는 다툼의 소지가 다분하기 때문이다. 모든 사람의 유머 코드가 같지도 않다. 특히 감정을 상하게 할 수도 있으니 조심해야 한다. 카바레 예술가이자 엔터테이너인 하랄트 슈미트는 "좋은 웃음 포인트를 잃는 것보다는 좋은 친구를 잃는 게 낫다"고 말하기도 했다. 하지만 개그로 사람들을 웃겨서 돈을 버는 사람한테는 맞을지 몰라도 인생의 지혜로 적용하기에는 적합하지 않다.

위기가 닥치면 처음에는 유머로 받아치는 것도 괜찮다. 하지만 유머를 사용할 수 없는 심각한 경우에도 대책을 마련해놔

있어 보이는 나를 만드는 법

야 한다.

　그래도 유머가 필요한 순간이 있다. 어떤 기관이 내 트위터에 태그를 하고 나의 다양성 강의를 안내한 적이 있다. 더 정확히 말하면 글로벌 디지털 우먼에서 내가 하는 일, 여성들 사이의 네트워킹, 여성이 자신의 능력을 펼칠 방법 등에 대한 강연 계획을 안내했다. 그러자 누군가가 즉시 "지긋지긋한 페미니스트들. 남자들처럼 성공하겠다고 조만간 수염까지 기르겠군. 아주 가관이겠어!"라는 리트윗을 했다. 나는 이 트윗에 답글을 달까 말까 한참을 고민했다. 터무니없는 내용인 데다가 익명의 계정인데 굳이 관심을 줘야 하나 싶기도 했다. 하지만 글의 내용이 자꾸 떠올라서 한 시간 후쯤 "저는 이미 수염이 있어요. 남유럽 출신이거든요. 그래서 이렇게 성공했나 봐요!"라고 답글을 달았다. 그러자 순식간에 "나도 모르게 웃었네요! 제법이네요!"라는 답글이 달렸다. 우리 둘의 이런 반응은 사실 일반적인 것은 아니다. 하지만 때로는 유머가 도움이 되며 특히 자신에게 그렇다.

언젠가는 댓글테러를
당할 때가 온다

누구나 악플 때문에 고민할 수 있다. 만약 처음으로 댓글 테러를 당했다면 "나는 얼마나 이런 일에 준비되어 있나?"라는 질문을 해보자. 당신의 브랜드 포지션이 강력할수록 당신의 의견, 의도, 목표를 마음에 안 들어 하는 사람도 늘어날 것이다. 그럴 때 실언을 하거나 극단적으로 반응하면 오히려 상대방을 자극할 수가 있다. 물론 더 심각한 경우도 있다. 예를 들어 대중에게 공개할 생각이 없던 사실이 공개될 때가 있다. 내가 질바나 코흐-메린 Silvana Koch-Mehrin, 자민당 소속 정치인이자 전 유럽의회 의원, 박사 논문 표절로 사퇴-옮긴이 의원 밑에서 일할 때 직접 경험했다. 당시만 해도 소위 표절 사냥꾼은 아직 생소하고 잘 알려지지 않

있어 보이는 나를 만드는 법

아서 그에 효과적으로 소통하고 전략적으로 대응할 경험치가 부족했다. 그렇다고 카를 테오도르 추 구텐베르크^{Karl-Theodor zu}
^{Guttenberg. 유명 정치인으로 박사 논문 표절로 큰 파장을 일으킴 - 옮긴이}처럼 찔끔찔끔 잘못을 인정하는 살라미 전술을 쓸 수는 없었다.

> 명백한 위기 상황에서 살라미 전술은 안 된다. 어떤 사실이 모두 까발려지는 것보다 찔끔찔끔 흘리는 게 더 끔찍하다.

어떤 부서나 정당, 조직에서 팀에 소속되어 함께 일한다면 가장 중요한 덕목은 솔직함과 투명성이다. 솔직하고 투명하게 동료, 파트너, 직원들을 대하면 불편한 상황에 처하지 않도록 이들이 당신을 지켜줄 것이다. 만약 진실을 숨기면 비난을 받을지도 모르는 상황에서 이들에게까지 자신도 모르게 거짓말을 하게 된다. 그리고 위기 상황에서 가장 필요한 사람들을 잃게 될 수도 있다.

정치계에 몸담고 있으면서 배운 게 또 하나 있다. 어떤 사건에 대해 잘못을 인정해야 할 때는 그 내용이 다 밝혀지기 전에 시인하는 게 낫다는 것이다. 자신을 변호하지 말라는 의미가 아니라 일단은 인정하고 다음을 준비하라는 것이다. "고의로

한 일은 아닙니다"라는 진술이 있으면 일단 위기관리가 더 쉬
워진다.

심각한 상황에서는 가장 가까운 사람들에게 모든 사실을 정
확하게 알려야 한다. 그래야 그들이 진의를 파악하고 함께
위기를 헤쳐나갈 수 있다.

있어 보이는 나를 만드는 법

과거의 잘못에
대처하는 방법

사람은 누구나 실수한다. 허세를 떨기도 하고 자만에 빠지기도 한다. 그러다 보니 과거에 오점이 남기도 하고 가능하면 아무도 몰랐으면 하는 일이 있을 수도 있다. 그런데 만약 과거의 잘못이 드러나면 어떻게 해야 할까? 잠깐이지만 정치계에서 활동하면서 나는 사람들이 얼마나 현실 감각을 상실할 수 있는지 직접 경험했다. 많은 사람이 잘못을 인정하는 대신 다른 사람에게 잘못을 돌리는 실수를 하곤 한다. 가장 전형적인 방법이 "기자들은 다 쓰레기야"라는 말로 자신의 잘못된 행동을 모면하려고 하는 거였다.

앞에서도 이미 말했듯이 실수는 지극히 인간적인 일이다.
따라서 완벽해지려고 애쓰고 무결점의 삶을 살라는 게 아니
다. 비판 능력을 기르는 게 훨씬 더 중요하다. 비판 능력은 자
신의 잘못을 스스로 인정하게 하며, 이런 사람이라면 가장 가
까운 사람들에게도 자신의 잘못을 쉽게 인정할 수 있다. 또한
비판 능력은 비판을 진지하게 받아들이고 이를 통해 배울 수
있는 능력이기도 하다.

내가 평정심을 유지하는 것을 배우게 된 계기

누구에게나 위기는 찾아온다. 중요한 것은 이때 평정심을 유지하며 차분하게 대응하는 것이다. 만약 위기가 닥쳤을 때 내가 어떻게 반응할 것인지, 사람들에게 어떤 사람으로 기억될지 생각해보자. 그리고 스스로에게도 어떤 모습으로 남고 싶은지 질문해보자.

사실은 나도 차분한 성격이 아니다. 오히려 그 반대다. 나는 이 사실을 FDP 후보로 첫 번째 선거를 끝낸 직후에 깨달았다. 물론 당시 내게는 다른 선택의 여지가 없었다. 선거 과정에서 나는 말할 기회조차 없었다. 나를 잘 아는 사람이라면 그 상황이 정상은 아니라고 생각했을 것이다.

일단 처음부터 차근차근 이야기하겠다. 선거 때면 늘 그렇듯이 바덴뷔템베르크주 의회 선거를 앞두고 모든 전봇대와 벽에 선거 포스터가 붙어 있었다. 내 선거 포스터도 카를스루에 전역에 걸려 있었다. 선거가 끝나면 정해진 기간 안에 모든 포스터를 제거해야 한다. 이때 많은 사람이 모르는 사실이 하나 있다. 포스터 제거는 자원봉사자들이 맡아서 하는데 많은 후보가 직접 나서서 포스터를 제거한다. 정해진 기간 안에 제거하지 않고 오래 방치하면 관할 관청에서 벌금을 부과할 수도 있기 때문이다(대부분은 기한이 지나도 봐주는 편이긴 하지만).

내 선거 포스터도 기한을 넘겨서 조금 오래 붙어 있었는데 한 노부인이 보기 싫었던 모양이었다. 마침 내가 FDP 지역위원회 사무소에서 당직 근무를 하고 있을 때였다. 전화벨이 울렸다.

"안녕하십니까, FDP 카를스루에 지역위원회 사무소입니다. 무엇을 도와드릴까요?"

내가 전화를 받자 수화기 너머에서 그 노부인의 목소리가 들렸고 항의할 게 있어서 전화했다고 했다.

"네. 무슨 일로 그러십니까?"

내가 자세히 묻자 노부인은 카를스루에-두어라흐에 살고 있다고 말했다. 그러면서 선거 포스터가 왜 아직도 걸려 있느

있어 보이는 나를 만드는 법

냐고 했다. 특히 그 '티지 오나나'라는 여자의 포스터가 바로 자기 집 앞에 붙어 있다고 하면서 투덜거렸다. 지금까지 살면서 그런 일은 처음이라고도 했다. 노부인은 선거가 끝난 지 벌써 일주일이나 됐다면서 항의했다. 그러고는 일종의 '댓글 테러'가 이어졌다. 다만 전화로 말이다. FDP는 대체 무슨 생각으로 그런 후보를 낸 거냐, 그러니 떨어진 거다, 이름도 발음하기 어렵고……. 이런 종류의 불만을 10분 넘게 토해냈다.

나는 말문이 막혔지만 끼어들 틈도 없었다. 이따금 '음' 소리밖에 낼 수 없었다. 그래도 노부인은 그동안 쌓인 분노를 쏟아내서인지 한결 가라앉은 것 같았다. 마지막에는 "내 얘기를 오랫동안 들어줘서 고마워요! 속이 다 시원하네. FDP에도 좋은 사람이 있어서 다행이네요. 근데 혹시 이름이?"라고 물었다. 내가 이름을 말하자, 정적이 흘렀고 잠시 후 딸깍하며 수화기 내려놓는 소리만 들렸다.

내가 가장 힘들 때,
힘이 되는 나의 네트워크

자신이 아무리 저항력 강한 사람이어도 막상 이런 수모를 당하면 몹시 진이 빠진다. 그 순간에는 아무리 평정심을 유지하려고 노력했어도, 이후에 상대가 쏟아낸 특정한 문장들이 자신의 심장을 파고들어 아프게 할 것이다. 나 역시 그랬다. 겉으로는 차분하게 대처했지만 속으로는 심장이 쪼그라드는 느낌이 들었다. 그때 나에게 도움이 된 것은 한결같이 내 곁에 있어준 믿음직한 주변 사람들이었다. 이것이 바로 나의 네트워크다. 그러니 모든 일이 무탈하게 잘 돌아갈 때도 자신의 네트워크를 소중하고 귀하게 여겨야 한다는 사실을 다시 한번 강조하고 싶다.

있어 보이는 나를 만드는 법

인생에서 가장 중요한 사람들과 관계를 잘 관리해야 한다. 가장 친한 친구, 신뢰하는 사람들, 가족은 가장 위급한 상황에서 곁에 있어주는 나만의 네트워크다.

처음부터
다시 시작하기

"가능한 한 빨리 끝을 맺고 내려놔라. 그리고 다시 시작해라."

만약 당신에게 위기가 닥친다면 이 말을 꼭 해주고 싶다. 나도 어떤 프로젝트를 포기하지 못해서 오랫동안 마음속에 매달고 살았던 때가 있다. 그때의 기억이 아직도 생생하다. 내가 포기하리라고는 꿈에서조차 생각해본 적이 없었다. 위기에 대처하는 방식은 네 단계를 거친다. 1단계 부정, 2단계 우울, 3단계 방향 설정, 4단계 새로운 시작이다. 당시 나는 명백하게 1단계를 지나는 중이었고 다른 단계가 있을 거라고는 상상하지도 못했다. 그러니 마지막 단계까지 어떻게 가야 하는지 알지 못했다.

있어 보이는 나를 만드는 법

그 당시 나는 엄청난 실망감 속에 다시는 그런 큰 프로젝트를 맡을 수 없을 것 같아서 괴로웠다. 하지만 내면 깊숙한 곳에서는 계속해야 한다는 것을 알고 있었다. 다행히 가족들이 나를 일으켜 세우고 다시 용기 낼 수 있게 해주었다. 가족은 나에게 안정을 주었고 내가 슬픔을 맘껏 표출할 수 있게 해주었다.

그리고 어느 날 내 인생의 파트너가 "우리를 위한 새로운 프로젝트를 준비했어!"라고 말했다. 이때부터 과거의 모든 일을 다 내려놓아야 새로운 목표를 세우고 나아갈 수 있다는 것을 차츰차츰 깨달았다. 그 이후 10년 동안 계속 화를 내고 있을지 아니면 새롭게 시작할지는 나에게 달려 있었다. 나는 새로 시작하기로 했다.

새로운 시작은 바로 앞 장에서 다룬 리브랜딩 작업을 통해서 조금 수월하게 할 수 있다. 여기서 사람 개인의 브랜드가 기업의 브랜드와 뭐가 다른지 다시 한번 분명해진다. 기업은 위기에 처하면 새로운 이름, 로고, 몇 가지 대표 색깔로 새로운 시작을 알릴 수 있다. 하지만 퍼스널 브랜드는 그게 쉽지 않다. 이름이 바로 그 사람이기 때문이다. 이름에 한 번 부정적인 이미지가 강렬하게 덧씌워지면 거기에서 벗어나기 어려운 경우가 많다.

좋은 명성에 일단 흠집이 나거나 개인 브랜드가 어떤 프로젝트 혹은 사건에 완전히 종속되어버렸다면, 그 모든 것을 내려놓고 자신의 미래에 모든 에너지를 쏟는 법을 배워야 한다. 흠집이 난 이미지를 다시 말끔하게 회복하거나 이름과 연결된 안 좋은 이미지에서 벗어나려면 자신만의 새로운 실행 과제를 정하는 것이 좋다. 만약 새로운 주제를 스스로 정할 수 있다면 자신이 더 주체적으로 일을 수행할 수 있다.

당신이 다루고 싶고 다른 사람들이 당신과 연관을 지었으면 하는 주제를 스스로 정해라. 당신에 대한 이야기는 다른 사람들이 아니라 당신이 직접 하자. 지금까지 퍼스널 브랜딩에 대해 읽고 배운 내용만 활용해도 위기에서 벗어날 수 있다. 더 나아가 앞으로 닥칠 위기를 준비하는 최고의 방법들도 알게 될 것이다.

위기에서 벗어나고 싶다면
셀카 쇼에서 벗어나라

퍼스널 브랜딩은 주체성을 심어준다. 다만 '오직 나'에 대한 이야기라기보다는 더 광범위한 주제를 다뤄야 한다. 강력한 퍼스널 브랜드를 갖게 되면 위기가 닥쳤을 때 다음 세 가지 부문에서 도움을 받을 수 있다.

— 해방된다.
— 자신만의 네트워크가 있다.
— 자신의 주제를 설정하고 평판을 쌓아간다.

여기서 해방이란 자기 자신을 진지하게 받아들이고 자신을 드러내며 외부에 주체적으로 자신의 모습을 표현할 수 있다는 말이다. 하지만 이때 자기 자신만을 중심으로 돌아가게 만들지 않기를 바란다. 당신을 알고 당신을 지지해주지만 최악의 경우에는 잘못된 길로 가고 있다고 말해줄 수 있는 사람들이 곁에 있어야 한다. 그래야 현실감을 잃지 않을 수 있다.

그리고 네트워크는 독립성을 가져다준다. 자신만의 네트워크가 있다는 것은 위기 상황에서 버팀목이 있다는 것과 같다. 바로 곁에 당신의 말에 귀 기울여주는 사람들이 있기 때문이다. 이들의 존재는 당신이 독립적으로 주제를 설정하고 평판을 쌓아가도록 도와준다. 당신은 그 네트워크에 있는 사람들에게 가장 솔직하고 투명하게 자신을 드러낼 수 있다. 또 자신이 정말 중요하다고 생각하는 가치에 대해 이야기할 수 있다. 혹시 당신을 공격하는 주장이나 소문이 나돌더라도 당신이 네트워크에 신뢰감만 심어주었다면 네트워크는 든든한 버팀목이 되어 당신에게 힘을 불어넣어줄 것이다.

위기에서 벗어나고 싶다면 셀카 쇼에서 벗어나라.

물론 어느 정도의 위험은 항상 있다. 하지만 위기가 닥쳐도

있어 보이는 나를 만드는 법

대처할 능력이 있으면 된다. 이번 장에서 소개한 방법들을 이용하면 많은 것을 얻을 수 있다. 모든 갈등이 겉으로 드러나는 것은 아니다. 이는 잠시 정치 활동을 하면서 뼈저리게 느낀 교훈이다. 갈등을 눈치채지 못하게 하는 방법은 무궁무진하고 갈등이 겉으로 드러나지 않는 경우도 많다. 그리고 분명 서로 끌어주고 도와주는 인맥도 엄연히 존재한다.

어느 날 자신의 이름이 더는 후보 명단에 오르지 않는다고 하자. 전문가인데도 자신은 빠지고 다른 동료에게 초대장이 간다고 하자. 내 생각에 이런 경우는 모두 시기, 질투와 관련 있다. 어떤 주제를 포지셔닝하는 데 성공하면 질투하는 사람이 반드시 있기 마련이다. '젊은 세대 vs. 기성세대' 또는 '신진 vs. 중진'의 갈등도 질투가 상당 부분 섞여 있을 수 있다. 이런 갈등에 대항해서 뭔가를 하는 것은 상당히 힘들다.

"스스로 문제를 해결하라!"

내가 세상을 향해 부르짖고 싶은 메시지다. 스스로 해결하는 게 너무 좋은 방법이어서라기보다는 그렇게 해야 주체적으로 자신의 주제를 끌고 갈 수 있기 때문이다. 그래야 아무도 그 주제를 앗아가지 못한다.

🔆 나의 도전 10   항상 플랜 B를 주머니에 넣고 다녀라

지금도 내게 많은 도움이 되는 것이 있다. 바로 그 유명한 플랜 B다. 그렇다고 해서 하루아침에 내 주제가 쓸모없는 것으로 전락할 거라 예상하고 다른 계획을 세운다는 뜻은 아니다. 지금 내세우고 있는 주제와는 별개로 다른 주제들을 항상 머릿속으로 생각하고 있다는 말이다. 지금 트렌드, 자신의 포지션과는 별개로 어떤 주제들이 있을지 한번 생각해보자. 예를 들어 혹시 당신이 창업자라면 창업을 현실화하는 방안에 대한 주제를 플랜 B에 담아놓으면 된다. 시간을 내서 당신의 플랜 B를 뭐로 할지 곰곰이 생각해보자!

📝 요점 정리

◉ 당신을 공격하고 상처가 되는 말을 날리는 사람들은 언제든 나타날 수 있다. 이때 당신의 네트워크는 엄청난 버팀목이 된다.

◉ 아무런 일이 일어나지 않을 때에도 나의 네트워크를 소중하게 잘 관리해야 한다.

11장 ▶
성공할 때까지
성공한 척해라

잘하지 못하는 부분에 대해
이야기하기

지금까지 능력, 실력, 지식, 재능을 비롯해서 퍼스널 브랜드의 핵심을 이루는 다양한 측면을 살펴보았다. 이제부터는 자신이 잘하지 못하는 일을 어떻게 다루어야 하는지 살펴보겠다. 자신의 분야지만 아직 잘 알지 못하는 내용일 때는 어떻게 해야 할까? 원래는 가지고 있어야 하는 능력인데 자신에게 없는 것은 무엇인가? 재능이 없어서일 수도 있고 그냥 시간이 없거나 흥미가 없어서 못할 수도 있다.

부족한 지식에 대처하는 가장 간단한 방법은 부족한 부분을 자신의 경험 일부로 만드는 것이다. 먼저 자신이 잘하지 못하는 부분에 대해 이야기해보고 브랜드 핵심과 연결 지어보자.

예를 들어 "나는 정말 위기관리 능력이 엉망이지만 그래도 세세한 것들은 꼼꼼하게 잘 챙깁니다"라고 말할 수 있다.

브랜딩의 관점에서는 자신이 잘하지 못하는 부분을 생각해보는 것이 도움이 된다. 많은 사람이 자신이 잘하는 것은 잘 몰라도 잘하지 못하는 것은 정확하게 알고 있기 때문이다. 따라서 자신이 잘하지 못하는 것을 정확하게 설명할수록 브랜드 핵심을 정하는 것이 더 쉬워진다.

> 자신에게 없는 능력과 재능을 브랜드의 일부로 만들어라. 그렇게 하면 다른 사람들이 훨씬 쉽게 당신과 관계를 맺고 네트워크의 일부가 될 수 있다.

자신이 잘하지 못하는 것을 설명하면 좋은 점이 또 하나 있다. 진행 중인 프로젝트나 자신의 네트워크에 어떤 능력을 갖춘 사람이 필요한지 다른 사람들에게 알릴 수 있다. 동시에 다른 사람들이 당신에게 대화를 시도할 수 있는 계기를 마련해줄 수도 있다. "계획을 세우는 데 어려움을 느낀다고 들었습니다. 제가 그 부분을 보완해줄 수 있을 거 같은데요"라는 말을 하면서 말이다. 자신이 잘하지 못하는 일을 자연스럽게 얘

있어 보이는 나를 만드는 법

기할수록 다양한 재능을 가진 사람들이 당신의 네트워크로 들어올 것이다. 그리고 네트워크는 시간이 갈수록 더욱 확장될 것이다.

성공할 때까지
그런 척해라

부족한 지식이나 능력에 대처하는 또 다른 방법은 '성공할 때까지 성공한 척해라Fake it until you make it!'이다. 조심스럽게 적용해야 하지만 그래도 제법 잘 통하는 방법이다. 이 법칙은 어떤 분야에서 자신의 경험을 과장할 때, 그 주제에 정말 관심이 있고 특정한 방향으로 발전하고 싶을 때만 사용해야 한다. 예를 들어 어떤 소프트웨어 회사의 HR부서에서 이제 막 인턴 생활을 마쳤다고 하자. 그런데 이미 파이썬과 R을 이용한 프로그래밍 경험이 있다고 주장한다면 아무도 믿지 않을 것이다. 이런 식의 도박을 하는 사람은 결국 허풍쟁이로 탄로 날 것을 각오해야 한다.

있어 보이는 나를 만드는 법

이런 방법은 기껏해야 파티에서 약간의 자신감과 어설픈 지식으로 적당히 아는 척하면서 전문가 행세할 때나 할 수 있다. 업무 분야에서 사용하면 일이 상당히 심각해진다. 만약 이런 모험을 감행하려면 언젠가는 그 능력을 반드시 보여줘야 하는 순간이 온다는 것을 명심해야 한다. 지나친 과장은 별 도움이 되지 않는다. 어떤 특정 주제의 전문가로 나서면 사람들은 그에 걸맞은 기대를 한다. 「누가 백만장자가 될 것인가」^{독일} 유명 TV 퀴즈쇼. 출연자가 모르는 문제가 출제됐을 때 전화 찬스를 사용해서 답을 물어볼 수 있는 기회가 있다 – 옮긴이를 볼 때마다 마치 나에게 전화 찬스가 걸려올 것 같은 기분이 든다. 그런데 많은 사람은 조커도 컨디션이 안 좋은 날이 있다는 것을 간과한다. 제아무리 박학다식한 전화 찬스 상대라고 해도 모르는 것이 있기 마련이다.

사람들은 소셜 미인 당신에게 항상 어떤 기대를 하고 있다. 특정 직업 그룹은 항상 관련 질문을 받는데 그것과 비슷하다. 당신이 그 분야와 관련 있든 없든 상관없이 질문을 할 것이다. 예를 들어 의사나 변호사들은 파티에서 의학이나 법률 관련 질문에 답해줘야 한다. 어찌 보면 지극히 인간적이기도 하다.

다른 사람들이 당신에게 뭔가를 기대할 때 명심할 게 있다.

나다움을 잃지 말고 자신을 믿어라! 당신 자신과 당신의 능력에 확신을 가져라.

어떤 일정 시점부터는 퍼스널 브랜드로서 책임 의식을 가져야 하고 이런 생각을 일상에서도 명심해야 한다. 당신을 아는 사람들은 당신이 이야기하는 주제와 당신을 연결 지어서 생각하고 그에 상응하는 기대를 한다. 아무리 당신이 편안한 저녁 시간을 보내고 싶다고 할지라도 말이다. 그래서 나는 사람들 앞에 나설 때마다 몹시 긴장한다. 청중들이 내게 무엇을 기대하는지, 나는 그런 기대에 부응할 수 있는지 물어보곤 한다. 그러면 '그냥 도망치고 싶다'라는 생각이 든다. '대체 여기서 왜 이러고 있지?'라는 생각도 든다. 하지만 일단 무대에 올라가서 몇 초가 흐르고 준비가 좀 되면 청중들에게서 오히려 에너지를 얻는다. 그리고 다시 나에게 집중하게 되고 내가 있어야 할 곳에 있다는 사실을 깨닫게 된다.

있어 보이는 나를 만드는 법

가면증후군

일도 잘하고 정당하게 현재의 위치에 올랐으면서도 자신의 커리어를 거짓이라고 느끼는 사람들이 있다. 어쩌면 당신도 한 번쯤은 그런 생각을 해봤을지도 모른다. '다른 사람들이 사실은 내가 모르는 게 많다는 걸 언젠가는 눈치채겠지?'라고 생각해본 적이 있는가? 그렇다면 '가면 증후군Imposter Syndrome' 은 아닌지 생각해봐야 한다. 이런 기분을 느껴보지 못한 사람이라면 아마 의아할 것이다. 이런 느낌은 사회초년생이나 인턴뿐 아니라 자기 분야에서 성공한 경영자에게서도 자주 나타난다.

나는 직업적으로 성공한 여성들과 이들이 겪는 문제들을

다루다가 가면 증후군에 대해 처음으로 알게 되었다. 가면 증후군은 자신이 거둔 직업적 성공을 누릴 자격이 없다고 느끼는 것이다. 또는 자신에게 맞지 않는 옷을 입고 있거나 지금의 지위에 오를 만큼 능력과 경험이 충분하지 않다고 느끼는 것이다. 제대로 할 줄 아는 것도 없는데 너무 큰 보상과 지위를 누리고 있다고 생각한다. 이런 사람들은 실패에 대한 두려움보다 언젠가 실체를 들킬 거라는 두려움에 더 힘들어한다. 더는 '고도의 사기'가 통하지 않는 날이 올 거라고 여긴다.

가면 증후군은 원래 심리학 개념이다. 1970년대의 한 연구 결과에 따르면, 성공한 여성들이 자신은 별로 지적이지 않으며 성과도 과대평가되었다고 생각하는 것으로 나타났다.[4] 직업적으로 성공했는데도, 어쩌면 '성공했기 때문에' 자신들이 마치 사기꾼 같다는 기분이 든다는 것이다. 처음에는 가면 증후군을 성격 때문이라고 잘못 해석했다. 그런데 가면 증후군은 정신적인 질병도 아니고 신경증적인 증상도 아니었다.

'내가 제대로 일하고 있는 건가?' 많은 사람이 출근해서 이런 생각을 한다. 자신이 마치 사기꾼처럼 느껴진다. 이것을 가면 증후군이라고 한다. 가면 증후군은 질병이 아니며 여러 관점

있어 보이는 나를 만드는 법

어쩌면 증후군이니 심리 현상이니 하는 표현 때문에 조금 헷갈릴 수도 있지만 가면 증후군은 지극히 정상적인 현상이다. 게다가 자신이 사기꾼 같다고 느끼는 사람은 생각보다 훨씬 더 많다.

최근 한 연구에 따르면 남자도 여자와 비슷한 비율로 자신이 사기꾼 같다고 답했다. 그리고 여성 할당제 덕분에 남성 응시자 대신에 채용된 여성은 자신의 능력과 성과 때문이 아니라 여성이라서 채용되었다고 느낀다. 이런 현상은 미국의 '긍정적 차별affirmative action, 인종할당제/소수집단우대정책 – 옮긴이'에서도 나타난다. 능력보다는 지난 과거의 잘못에 대한 보상으로 아프리카계 미국인 응시자들을 우대해준다고 생각한다.

하지만 불리한 집단에 속하느냐 아니냐와 상관없이 사람들은 기본적으로 자신의 커리어가 행운과 우연 덕분이라고 느끼는 경우가 많다. 왜 그럴까? 자신의 커리어, 그 밖의 업적들이 왜 자신의 재능, 성취, 능력과 상관없다고 생각할까?

나는 이것 역시 자기실현적 예언과 관련이 있다고 생각한다. 가면 증후군에서 벗어나거나 맞서려는 수많은 시도가 결국 확신으로 끝나버리기 때문이다. 모든 실패는 결국 자신이 잘하는 게 없고 성공할 자격이 없다는 애초의 가정을 뒷받침해주게 된다. 그래서 이런 우려가 현실로 드러날까 봐 가면 증후군에 시달리는 사람들은 차라리 아무 말도 하지 않으려고 한다. 자신이 그 자리에 적합하지 않다는 것을 의심받지 않기 위해서 말이다.

특히 자기 회의가 많은 내향적인 사람들이 가면 증후군에 많이 시달린다. 불안이나 우울증에 취약한 사람들도 마찬가지다. 또 다른 연구에 따르면 완벽주의 성향이 강한 사람에게서도 가면 증후군이 많이 나타난다고 한다. 그렇지만 이런 성격적 특성과 가면 증후군 사이에 명백한 관련성이 드러나거나 원인이 밝혀진 것은 아니다.[5] 경영진의 절반 정도도 어떤 형태로든 가면 증후군을 겪고 있을 것으로 추정하고 있다. 또 어떤 연구에서는 심지어 70% 이상의 사람들이 자신을 사기꾼처럼 느낀 적이 있다고 한다.

자기 회의를
극복하는 방법

자기 회의에 빠져서 절망해서는 안 된다. 단지 자신이 어떤 분야에서 전문 지식이 좀 더 필요하다는 사실을 가치 중립적으로 깨달으면 된다. 그래야 자신을 좀 더 확신할 방법을 도출해낼 수 있다. 그리고 그 방법은 해당 분야의 지식을 쌓으면 된다. 경험이 부족하다면 경험이 많은 사람에게 물어보면 된다.

사람이 모든 것을 잘할 수는 없다. 나 역시 모든 것을 잘하지 못하며 직원들에게도 그런 것을 기대하지 않는다. 기업가로서 내가 할 일은 여러 지식과 능력을 갖고 있는 팀을 꾸리는 것이고 그 팀과 함께 기업의 목적을 달성하는 것이다. 나는 기업가로 나의 아이디어에 항상 의문을 제기한다. 이런 의심은 부정적인 게 아니라 생산적인 것을 끄집어내는 과정이다. 나는 나에게 "어떻게 해야 기업가로서 더 나아질 수 있을까?"라고 질문을 던진다. 그리고 나 혼자 힘으로 할 수 없는 지점에 이르면 그 부분을 잘 아는 사람들에게 넘긴다. 특정한 뭔가를 잘하지 못하는 것은 괜찮다.

또한 아무것도 하지 않는 것보다 실수하는 게 더 낫다. 실수할지도 모른다는 불안이 걸림돌이 될 수도 있기 때문에 경험을 통해 극복하는 게 좋다. 오늘날 많은 사람이 아주 작은 실수에도 실패했다고 느끼면서 아무것도 할 수 없다는 생각에 시달린다. 그런데 실수는 누구나 한다. 사람들은 실수, 부족한 지식, 가지지 못한 능력을 가치 중립적으로 평가하지 못한다. 실수를 긍정적으로 이해하지 못한다. 그러나 오늘날은 그 어느 때보다 모험을 감행할 용기가 필요하다. 실수를 기꺼이 감수하고 그 실수를 통해 배우려는 열의가 필요하다.

> 사람은 누구나 실수를 한다. 실수를 통해 뭔가를 배울 수 있는 사람은 실수를 긍정적인 것으로 바꿀 수 있다.

자신을 사기꾼 같다고 느끼는 사람은 자신의 의견을 말하

있어 보이는 나를 만드는 법

거나 포지셔닝을 해야 하는 상황에서 뒤로 물러선다. 혹시라도 실수를 해서 할 줄 아는 게 전혀 없다는 사실을 들킬까 봐 두려워서다. 가면 증후군이 있다면 용기를 내서 자신의 지식과 능력을 나눠보자. 그리고 사기를 치는 것 같다는 그 생각과 감정을 표현해라. 그런 느낌은 병도 아니고 사람들이 그런 생각을 하는 것이 드문 일도 아니다. 질병이 아니기 때문에 가면 증후군은 없애고 극복해야 하는 게 아니다. 오히려 그런 감정에서 긍정적인 것을 끌어내야 한다.

지금 하는 일에서 성공했는데도 자신이 사기꾼 같다면 자신의 성취를 인정해보자. 그리고 다른 사람들의 성취도 인정하자. 자신이 잘 알지 못하고 잘하지 못하는 것을 당당하게 인정하면서도 절망하지 말자. 아직 배워야 할 것도 많고 경험도 더 쌓아야 한다는 것은 정말 긍정적인 신호다. 계속 추구해야 할 가치다. 그리고 직업적으로 성공을 거두고 있는 모든 이에게 말하고 싶다. 자신의 성공을 인정하든 인정하지 않든 지금까지 배우고 이룬 모든 것이 당신의 자리를 만든 것이다. 그러니 잘못된 것은 없다. 당신은 성공을 누릴 자격이 있고 앞으로도 성공을 누려 마땅하다.

자신을 해방시켜라. 그러면 그렇게 할 수 있다. 자신을 우연과 운명에 내맡겨진 대상이 아니라 적극적으로 행동하는 인격체로 이해해라. 자신의 성공과 이야기를 드러내서 눈에 띄게 만드는 것은 자신의 손에 달려 있다. 그리고 다른 사람들에게도 용기를 북돋아줘서 가면 증후군을 겪지 않도록 해야 한다.

가장 성공한 사람들조차 자신을 사기꾼처럼 느낀다. 아무리 크게 성공해도 성공을 누릴 자격이 없다는 감정은 사라지지 않는다. 그러니 지금 당장 성공을 누릴 자격이 없다는 생각은 집어치워도 된다. 자신은 성공할 자격이 충분하다는 사실을 받아들이자. 모르는 것을 당당하게 시인하면 다른 사람들에게 모범이 될 수 있다. 결점과 실수를 인정하고 자신의 전문 분야에서 수년 동안이나 몰랐던 사실을 얘기하자. 이렇게 하면 같은 이유로 힘들어하던 사람들에게도 도움이 될 수 있다.

물론 그렇다고 해서 잘하지 못하는 것들만 줄줄 늘어놓으라는 뜻은 아니다. 하지만 모르거나 못하는 것, 성과를 내지 못한 것을 금기시하면 안 된다. 그리고 당신이 경영자라면 아직 완벽하지 않은 곳만 바라볼 것이 아니라 직원들의 성과를 바라보고 인정해줘야 한다. 자신을 사기꾼처럼 느끼는 사람들은 이따금 일에 대한 칭찬을 듣거나 특별한 재능과 소질을 언급하고 인정해주는 것만으로도 많은 에너지를 받는다.

가면 증후군이 많이 생기는 또 다른 이유는 우리 사회의 특징과 관련이 있다. 우리는 실수에 긍정적이거나 생산적으로 대처하는 방법을 배우지 못했다. 다행히 일부 기업에서 실수를 했을 때 이를 인정하고 동료에게 도움을 받는 문화가 생겨나고 있지만 사회 전체를 바꾸기에는 아직 역부족이다.

가면 증후군이 가장 많이 확산해 있는 학교와 대학에서부터 새롭게 시작해야 한다. 하지만 우리는 학교에서 지식과 능력이 부족하면 안 좋은 성적을 받게 된다고 배운다. 새로운 것을 배우고 더 나아가고자 하는 동기 부여로 작동하지 못한다.

3장에서 이미 이야기했지만 다른 사람과 자신을 비교하는 것은 별로 도움이 되지 않는다. 그런데도 사람들은 자신에 대한 가치를 말할 때 다른 사람과 비교하는 경향이 있다. 다른 사람과 비교하는 것은 아주 일찍부터 머리에 각인된다. 우리의 학교 시스템과 교육 시스템은 누가 누가 더 잘하는지에 초점이 맞춰져 있고, 점수로 서로를 비교하게 만든다. 성적 시스템을 없애자는 주장에는 반대하지만 그래도 개인적인 성취에 대한 가치는 인정해줘야 한다. 다른 사람과 지속적으로 비교하는 것은 자기 자신과 자신의 능력, 성과, 성공을 실제보다 더 낮게 평가하게 만든다. 누군가가 1년 전보다 한 발 더 발전했다면 마땅히 자랑스러워해야 할 성과이자 성공이다. 자신의 성과를 판단할 때 그 시간 동안 다른 사람들이 무엇을 달성했는지는 중요하지 않다.

　다른 사람과 비교하고 경쟁하는 것은 또 다른 문제를 만든다. 자신의 능력을 다른 사람과 비교만 하는 사람은 새로운 것을 배우기 힘들다. 그리고 혼자 힘으로 할 수 없을 때는 협력해야 하는데 이런 사람은 그것을 차단해버린다.

　다른 사람과 비교하는 것은 자신에게 아무 도움이 되지 않지만 실수는 그 반대다. 가치 중립적으로 자신의 능력 부족을 인식할 수 있어야 새로운 것을 배울 결심을 할 수 있다.

있어 보이는 나를 만드는 법

성공을 자축하는법
배우기

자신이 이룬 성과를 제대로 인정하려면 성공을 자축할 수 있어야 한다. 하지만 나 역시 오랫동안 성공을 자축하지 못했다. 그 이유에는 두 가지가 있다. 첫 번째는 겸손해야 하며 교만해서는 안 된다고 배웠기 때문이다. 두 번째는 내게는 스토리텔링 능력이 좀 떨어지기 때문이었다!

예를 들어 몇 년 전에 누군가가 내게 "어쩌다가 스타트업 쪽으로 오게 되셨나요?"라고 물었다. 그런데 나는 "어쩌다 보니 그렇게 됐어요. 몇 년 정치계에 있다가 경제계로 옮겼어요. 어떤 협회에서 근무할 때 E-커머스 기업들과 일하게 되었는데 그때 스타트업 회사가 많았어요. 그쪽은요?"라고 변명 같은 대답을 늘어놓았다. 그리고 내 질문에 대한 상대의 답변을 들으면서 시간을 거꾸로 되돌리고 싶었다.

"저는 기업가 집안 출신이에요. 창업은 뭐 집안 전통이나 마찬가지라고 할 수 있죠. 바로 창업할 수도 있었지만 일단 WHU^{독일 유명 비즈니스스쿨 - 옮긴이}에 진학했어요. 그러다가 어느 순간 모든 것이 일사천리로 진행됐어요. 아이디어를 모으고, 비즈니스 플랜을 짜고, 투자자를 모집하고 그리고 순식간에 온라인을 구축했어요!"

상대방의 이 말을 듣는 순간 내가 세금고지서만큼이나 지루하게 느껴졌다.

특히 독일에서 사회화 과정을 겪으며 성장한 사람들은 자기 자신을 드러내고 내세우는 것을 어려워한다. 자신의 이야기를 흥미롭고 재미있게 설명할 기회도 거의 없고 자신이나 자기 일을 지나치게 과시하는 것도 금기시하기 때문이다. 그리고 다른 사람의 칭찬에도 인색하다. 어떤 지역에서는 '야단치지 않았으면 그것만으로도 충분한 칭찬이다'라는 속담이 있을 정도다. 퍼스널 브랜드를 구축해야 한다면 우리가 어릴 때부터 배웠던 겸손이라는 미덕은 잠시 뒤로 미뤄두는 게 도움이 될 때가 많다.

자신이 거둔 성공을 감추지 말고 최대한 드러내라. 퍼스널 브랜딩에서는 건강한 정도의 자만이 딱 적당하다.

우리는 성공을 자축하는 법을 배워야 한다. 자신이 이룬 성과인데 왜 그것을 감춰야 하는가? 자신의 성공을 긍정적으로 대하는 것도 하나의 방법이다. 그리고 만약 자신이 아는 게 별로 없다는 생각에 자꾸 움츠러든다면 더 깊이 공부를 하면 된다. 모르는 게 있으면 네트워크 안에 있는 사람에게 물어보고 도움을 받으면 된다. 그렇게 해서 궁극적으로는 자신의 성공을 최대로 드러내고 즐길 줄 아는 사람으로 거듭나기를 바란다.

 **나의 도전 11** 내가 뭔가를 잘 해냈을 때

스스로를 맘껏 칭찬해주자

최근에 내가 잘한 일이 뭔지 생각해보자. 그리고 그것을 친구, 동료들과 함께 나눠보자. 아주 작은 성공이라도 상관없다. 당신의 지식과 능력을 자랑스러워하는 법을 배우자.

중급자: 잘하지는 못하지만 정말 배우고 싶은 게 뭔지 찾아보자. 그 지식을 습득하는 것이 왜 중요한지, 지금까지 왜 습득하지 못했는지, 어떤 어려움이 있었는지, 어떤 능력이 있으면 좋겠는지 이야기해보자.

상급자: 사실 당신은 잘 모르는데, 다른 사람들이 보기에는 당신이 아주 잘 알 거라고 생각하는 게 있는가? 그게 뭔지 찾아보자. 그리고 용기를 내어 당신의 빈틈을 보여주자.

요점 정리

- 내가 잘하지 못하는 게 뭔지를 드러내면 나에게 필요한 사람을 네트워크에 끌어들일 수 있다.

- 내가 정말 관심이 있고 잘하고 싶은 게 있다면 성공할 때까지 그런 척하는 전략을 쓸 필요도 있다.

- 내가 뭔가를 이뤘을 때는 스스로를 맘껏 칭찬해줄 줄 알아야 한다.

12장 ▶
나다움을
지키는 법

직원을 기업의
브랜드 홍보 대사로

퍼스널 브랜드가 성공하려면 자신을 드러내서 눈에 띄어야 하고 영향력도 강해야 한다. 이 두 가지는 퍼스널 브랜드 성공의 중심 요소이며 기업들이 추구하는 목표이기도 하다. 그렇기에 기업들은 기업의 강력한 브랜드를 중심에 두고 그 아래에 직원들을 개개의 퍼스널 브랜드로서 이용하려 한다. 기업이 추구하는 주제로 다른 사람들과 소통하고 기업에 대한 좋은 이미지를 심어주도록 말이다. 특히 전문 인력이 점점 부족해지는 상황에서 기업에 대한 좋은 인식을 심어주는 것은 아주 중요하다.

하지만 이런 시도들이 기업의 시각에서는 중요하고 필요하더라도 그냥 무작정 '도입'할 수는 없다. 직원들을 기업의 브랜드 홍보 대사나 인플루언서로 활용한다는 생각은 매력적이다. 하지만 직원들의 업무 목록에 하나의 항목을 그냥 넣을 수는 없다. 기업들은 직원들이 이런 역할을 해주기를 원하고 이를 위해 동기 부여를 하려고 애쓰지만 번번이 실패한다. 이는 기업과 직원의 생각이 너무 다르기 때문으로 소셜 셀링과 마찬가지로 부정적인 인식이 가장 큰 걸림돌이다. 또한 신뢰성에도 문제가 있다. 자신의 링크드인 프로필에 회사 사장에 대한 좋은 말을 가끔 올리라고 한다면 누가 좋아하겠는가?

이번 장에서는 고용주 브랜드의 두 가지 측면을 다뤄보겠다. 기업들이 직원 개개인을 성공적인 퍼스널 브랜드로 만들려면 어떻게 해야 할까? 직원들은 나다움을 지키면서 거대한 기업 안에서도 퍼스널 브랜드로 남아 있을 수 있을까?

기업이 성공적인
고용주 브랜드가 되는 방법

기업들은 왜 고용주 브랜드가 되려고 할까? 이 질문에 대한 대답은 명확하다. 그야말로 인재 전쟁이 일어나고 있는데 핵심 인재를 구인 광고를 통해서는 얻을 수 없기 때문이다. 물론 구인 광고는 여전히 존재한다. 재미를 위해서라도 이따금 최근 구인 광고를 읽어보라고 추천하고 싶다. 모든 응시자가 구인 광고에 적힌 응시 조건에 맞는다면 회사가 얼마나 획일적이고 단조로울까 싶다. 모두 최소한 한 번의 해외 인턴 경험이 있고 유창한 외국어가 두세 개쯤은 된다. 대학 졸업장은 당연하고 자원봉사 경험과 수년간의 직장 경험도 있다. 그리고 당연히 다들 의욕도 넘치고 팀워크도 중요시한다.

오늘날에는 거의 모든 회사가 맛있는 스낵을 제공한다. 또한 유연한 근무 시간과 다양한 자기 계발 기회를 약속한다. 그렇지만 응시자들에게 잘못된 이미지를 심어줄 위험도 그만큼 커졌다.

> 고용주 브랜딩의 모토는 '유토피아가 아니라 더 많은 현실'이어야 한다.

이제 기업은 미래의 지속 가능성을 생각해야 하고 상당수의 기업이 이를 알고 있다. 그렇지만 고용주 브랜드는 이런 목표를 위한 해결책이 아니라 단지 보조 수단에 불과하다. 나는 기업을 대상으로 컨설팅을 할 때마다 기업들의 홍보 책자가 정말 근사하다고 생각했다. 홍보 책자는 보통 고광택 종이에 인상적인 사진들, 다양하고 현대적이며 매혹적인 기업 문화가 장황하게 들어 있다. 그런데 사무실이나 생산 공장을 보면 현실은 다르다. 대충만 봐도 채 5분이 안 되어 그 사실을 알 수 있다. 그리고 직원들과 대화를 나눠보면 다양성, 워라밸, 수평적인 의사 구조와 같은 개념들은 마케팅 부서가 내세우는 홍보 전략에나 존재한다는 것을 깨닫게 된다.

있어 보이는 나를 만드는 법

고용주 브랜드의 가장 큰 적은 기업의 현실이다. 고광택 홍보 책자의 내용과 기업 문화는 일치해야 한다. 그래야 고용주 브랜드가 신뢰성을 가질 수 있다.

인쇄된 기업 홍보 책자만 보면 대기업들조차도 아주 새롭고 힙한 스타트업이 되어버린다. 또 전문 사진사가 찍은 기업의 페이스북 사진들도 그다지 현실적이지 못하다. 구인 광고를 보고 온 지원자들이 현장에 오면 바로 알게 될 텐데 소셜 미디어에서 완벽하게 포장하는 게 무슨 의미가 있을까 싶다. 따라서 고용주 브랜딩을 시작하기 전에 내실을 다지는 데 좀 더 집중해야 한다. 고용주 브랜드만으로는 직원 채용, 직원 유지, 핵심 인재 관리와 같은 목적을 달성할 수 없다.

기업들은 자신들을 어떤 메시지와 연결하고 싶은지 스스로 질문해야 한다. 어떤 효과를 기대하는가? 우리 기업의 진정한 브랜드 핵심은 무엇인가? 이런 메시지를 가장 잘 구현할 수 있는 사람은 누구인가? 이런 질문에 대한 답이 저절로 나와야 한다. 기업이 내세우는 이미지와 현실이 같다는 생각이 들면 직원들은 시키지 않아도 적극적으로 활동하게 된다. 직원들을 브랜드 홍보 대사로 활용하고 싶다면 직원들에게 활동에

대한 재량권을 주고 지원해줘야 한다. 회사의 허락을 받아야
하는 추가적인 업무가 생긴다면 아무도 자발적으로 사내 인
플루언서를 하겠다고 나서지 않을 것이다.

> 기업은 자신들이 내세우는 주제의 전문가라는 사실을 의식
> 해야 한다. 구체적인 내용 없이는 고용주 브랜딩은 아무런
> 의미가 없다.

  많은 기업이 고용주 브랜딩을 하려고 하지만 그 과정에서
무엇이 필요한지는 모르는 것 같다. 특히 다양성Diversity과 뉴
워크New Work, 세계화와 디지털화 시대에 맞는 새로운 노동 개념 – 옮긴이와 관련해서
그렇다.
  다양성은 기업이 하겠다고 해서 하루아침에 만들어낼 수
있는 게 아니다. 다양한 캐릭터와 견해, 해결책을 받아들이고
견뎌내면서 쌓이는 것이다. 오늘날에는 단순한 옳고 그름이
존재하지 않는다. 다양성은 다양한 욕구와 서로 다른 시각을
한데 모으는 것이다. 기업들은 환상을 가져서는 안 된다. 다양
한 세대, 교육 배경, 서로 다른 나라와 문화에서 온 사람들이
모여서 일하면 당연히 더 힘들고 많은 노력이 필요하다. 하지

있어 보이는 나를 만드는 법

만 노력을 기울일 만한 가치가 있는 것들이다. 여러 연구에 따르면 다양한 팀을 거느린 기업이 단일한 구성원으로 이뤄진 기업보다 경제적으로 더 성공을 거뒀다고 한다.[6]

최근 많은 기업이 미래에는 뉴워크의 영향으로 부서를 뛰어넘는 다양한 협력이 이뤄질 것으로 전망하고 있다. 민첩성은 점점 더 역동적으로 변하는 현재의 시장 환경에서 아주 중요한 열쇠이기 때문이다. 그런데 이 안에는 심각한 갈등이 잠재해 있다. 그럴듯해 보이는 미봉책으로는 목표에 이를 수 없다. 나는 뉴워크를 거창하게 내세우는 한 기업의 사무실을 구경한 적이 있다. 커다란 사무실에는 팀장의 책상도 있었는데 직원들은 팀장과 이야기를 하려면 비서와 미리 약속을 정해야 했다. 기업이 진정한 변화를 받아들이고 전환의 과정을 과감히 실행해야만 새로운 노동 문화의 장점들도 얻을 수 있다.

다양성과 뉴워크는 서로 다른 견해와 시각을 허용하고 갈등을 견뎌내는 것이다. 먼저 이러한 기업 문화를 만들어낸 다음에 다양성과 뉴워크를 기업의 브랜드 핵심으로 삼아야 한다.

대기업과 법인은 예전보다 매력이 상당히 떨어졌다. 재능 있는 젊은 인재들은 이제 지역에서 가장 큰 기업에 들어가려고 애쓰지 않는다. 창업하거나 뉴워크를 이미 추구하고 있는 스타트업에서 일하는 게 훨씬 더 매력적이라고 생각한다. 일반 기업들은 자신이 원하는 인재를 얻으려면 그들이 있는 곳으로 가야 한다. 그렇다고 디지털 플랫폼만 중요한 것은 아니다. 아날로그적인 포맷도 잊어서는 안 된다. 진정한 교류를 가능하게 하는 진짜 만남과 대화는 반드시 필요하다. 이는 기업이 시간을 투자하고 개방성을 더 많이 보여줄 때 가능하다. 이렇게 해야만 무엇을 개선해야 하는지, 젊은 사람들이 미래의 노동 세계에 어떤 기대를 하는지 알 수 있다.

있어 보이는 나를 만드는 법

퍼스널 브랜드와
고용주 브랜드 사이

기업이 진정으로 전환을 모색하고 사람들에게 인식되고 싶은 방향이 명백하게 정해졌다면 두 번째 단계로 넘어갈 수 있다. 먼저 아주 당연한 것부터 짚고 넘어가겠다. 어떤 기업의 홍보 대사가 되는 것은 자발적일 때만 의미가 있다. 누구도 고용주 브랜딩에 강제로 동원되었다는 느낌을 받아서는 안 된다. 만약 그렇다면 누가 브랜드 홍보 대사가 되고 싶겠는가?

직원은 자신의 회사를 알릴 수 있는 최고의 홍보 대사이다. 사람은 기본적으로 자신이 하는 일이 뭔가에 소중한 기여를 한다고 생각하면 이를 다른 사람들에게 알리고 싶어 한다. 특히 자신의 일이 개인의 브랜드 핵심과 일치한다면 퍼스널 브랜드의 일관성도 유지하면서 네트워크도 확장할 수 있다. 어떤 기업에서 일하든지 고용주의 이름과 유명세로 득을 볼 수도 있다. 예를 들어 코카콜라, 마이크로소프트 또는 페이팔과 같은 세계적인 기업의 네임 밸류로 SNS에서 자신의 네임 밸류를 올릴 수 있다. 그리고 국제적으로 네트워크를 확장하거나 인지도를 높이는 데도 활용할 수 있다.

하지만 퍼스널 브랜드를 기업의 브랜드와 강하게 연결하는 것은 모험이 될 수도 있다. 회사를 옮기면 자신의 소셜 미를 새롭게 정비하는 데 많은 노력을 기울여야 하기 때문이다. 특히 기존 고용주의 내용과 아주 밀접하게 관련되어 있을 때는 포지셔닝을 완전히 새롭게 해야 할 수도 있다. 리브랜딩과 같은 변화는 지극히 정상적이지만 그에 상응하는 구체적인 전략을 세워야 한다.

그렇다고 사내 인플루언서를 고용주를 대신하는 사람으로만 이해하지 않기를 바란다. 사내 인플루언서가 CEO와 구분되는 점은 바로 기업의 진짜 얼굴을 보여준다는 데 있다. 따라서 이런 역할을 맡았다고 해서 자신의 개인적인 견해를 말하는 데 위축되거나 살아 있는 홍보 소식지가 된 것 같다고 느끼지 말아야 한다.

사내 인플루언서는 독자적인 브랜드라는 사실을 기억하자.

또한 당신은 사내 인플루언서로서 다른 사람들의 롤 모델이 될 수도 있다. 만약 다양성과 같은 주제를 중요시한다면 다른 사람들의 롤 모델이 되는 것이 특히 더 중요하다. 예를 들어 임원진에 여성이 많아져야 한다고 생각한다면 여자로서 당신이 할 수 있는 가장 좋은 방법은 스스로 눈에 띄는 것이다. 이미 임원인지 아닌지와는 상관없이 말이다. 이렇게 해서 당신은 다른 사람의 롤 모델이 될 수 있을 뿐만 아니라 당신의 주제를 부각시킬 수 있으며 한 단계 위로 커리어가 올라갈 수도 있다.

사내 인플루언서로서 눈에 띄면 많은 것을 할 수 있다. 아래 세 가지 예를 통해 어떻게 도움이 되는지 보자.

예 1: 회사의 이미지는 당신이 결정한다

어떤 기업은 부정적인 이미지 때문에 힘들어한다. 부정적인 뉴스가 나왔을 수도 있고 사회적 평판이 안 좋을 수도 있다. 하지만 이런 기업에서도 직원들이 일하고 있으며 이들은 자신이 하는 일과 고용주에 대한 확신이 있을 것이다. 그래서 파티에서나 부모님과 대화 자리에서 자신이 일하는 기업의 평판에 대해 자꾸 이야기하게 된다. 지금 하는 일이 왜 흥미로운지, 회사 평판이 안 좋은데 왜 계속 그곳에서 일하는지 이야기하고 싶을 것이다. 내 경험에 따르면 평판이 안 좋은 회사에서도 계속 일하는 이유가 분명히 있다. 그들은 자신의 일을 사랑하고 날마다 최선을 다한다.

이제 사내 인플루언서가 되면 일하는 기업의 이야기를 함께 만들어나갈 수 있게 된다. 고용주가 듣고 있는 평판이 귀에 거슬린다면 긍정적인 메시지를 가지고 외부로 나서야 한다. 당신이 전하는 이야기가 차이를 만들 수 있고 사람들의 생각을 바꿀 수 있다. 흑과 백만 보는 대신에 회색지대도 있다는 것을 증명할 수 있다.

> 사내 인플루언서는 자신이 몸담은 기업의 얼굴이 되고 기업의 비전을 강하게 만들 수 있다. 이들은 선입견을 확산시키기보다는 직접적인 이야기를 들려준다.

예 2: 당신과 당신의 주제를 눈에 띄게 만든다
지금 일하는 회사에서 승진하고 싶거나 고용주가 아직 신

있어 보이는 나를 만드는 법

경 쓰지 않는 주제에 관심이 있는가? 그렇다면 사내 인플루언서가 되어야 한다. 예를 들어 어떤 주제가 너무 소홀히 다뤄지고 있다는 점을 알려서 사람들이 당신의 의견에 집중하게 만들 수 있다. 의견을 내고 그것으로 주목받는 것만으로도 자신을 발전시킬 수 있다. 열심히 일하고 있다는 것을 보여줄 수 있고 어쩌면 흥미로운 프로젝트에 참여할 수도 있다. 그리고 눈에 띄게 되면 내부적으로 네트워크를 만들어가는 데도 유리하다. 동료들은 당신이 내세운 주제와 당신을 연관 지어 떠올릴 것이고 그 주제로 대화를 시도할 것이다. 어쩌면 당신의 발전에 도움이 되는 사람을 소개시켜줄 수도 있다.

예 3: 당신이 회사의 변화를 주도할 수 있다

사내 인플루언서가 되면 사람들이 주목할 것이고 당신의 목소리에 힘이 실리게 된다. 누군가의 주목을 받는 것은 권력의 척도다. 사람들이 당신의 말에 귀를 기울이면 당신의 메시지에 힘이 실린다. 내세우는 주제의 전문가로서 자신을 포지셔닝할 수 있을 뿐만 아니라 당신의 행동을 통해 논의를 끌어낼 수도 있고 심지어는 뭔가를 변화시킬 수도 있다.

예를 들어 혼자서 아이를 키워야 하는 상황을 알리고 유연하게 재택근무를 하고 싶다고 가정해보자. 당신의 생각과 비전을 다른 사람들에게 이야기하고 당신의 의견을 밝힐 수 있다. 그리고 사람들이 당신의 말에 귀 기울이게 할 수 있다. 최상의 경우에는 당신처럼 재택근무가 필요한 동료들을 찾을 수 있고 이들과 함께 전략적 동맹을 맺을 수도 있다. 그 사람들과 네트워크를 형성하여 회사의 변화를 주도할 수 있다.

> 사내 인플루언서가 되면 변화를 주도할 수 있고 같은 생각을 하는 사람들과 전략적 동맹을 맺을 수 있다.

사람은
사람을 따른다

"내가 무슨 생각을 하는지, 무엇을 하는지 누가 관심이나 있
겠어요?"

많은 사람이 이런 생각을 한다. 하지만 나는 모든 회사에서
직원들이 엄청난 일을 해내고 있으면서도 이런 생각을 한다
는 게 더 의아하다. 직원들은 자신들이 일하고 사는 지역에서
도움의 손길을 내밀고 사회적 프로젝트에 참여하며 장애가
있는 사람들이 사회의 일원이 되게 하려고 애쓴다. 하지만 자
신들이 이런 일을 하는 것을 아는 사람은 거의 없다.

그런데 바로 이런 이야기들이 다른 사람들에게 용기를 주
고 따라 하게 만든다. 그러므로 자신의 이런 이야기와 활동을

드러내고 사람들의 지지를 받아야 한다. 오늘날에는 소셜 미디어 덕분에 이런 것들이 훨씬 더 쉬워졌다. 사내 인플루언서로서 자신과 회사를 드러내고 목소리를 내는 것 외에도 더 많은 것을 할 수 있다. 다른 사람들에게 친근감과 진정성을 심어주면 기업에도 영혼을 불어넣을 수 있다.

사람은 기업이 아니라 사람을 따른다.

🏅 나의 도전 12 나에게 영감을 주는 사람들을 찾아라

나에게 영감을 주는 사람 세 명을 선택해서 그들을 따라 해보자. 그 사람은 사내 인플루언서일 수도 있고 개인적으로 영감을 주는 사람일 수도 있다. 이 사람들의 어떤 면이 가장 흥미로운지 정리해보자. 어조? 콘텐츠? 포스팅 방식?

이 사람들의 특징 중 특별히 마음에 드는 점을 목록으로 만들어보자. 이를 통해 나에게 영감을 주는 게 무엇인지를 알 수 있다. 이런 일을 반복해서 하다 보면 나에게 맞는 어조를 찾아낼 수 있다.

있어 보이는 나를 만드는 법

◉ 좋은 인재를 모으기 위해 고용주 브랜딩을 열심히 하는 것보다 더 중요한 것은 직원들이 직접 자신들의 좋은 경험을 자연스럽게 전달하게 만드는 것이다.

◉ 고용주 브랜드는 기업의 현실과 일치해야 한다. 그래야 직원들이 브랜드 홍보 대사로 적극적으로 참여할 것이다.

13장 ▶
디지털 시대의
퍼스널 브랜딩

디지털 노동 세계에서
나만의 소셜 미 만들기

누구나 브랜드를 갖고 있다. 다만 그 브랜드를 스스로 가꾸고 만드느냐 아니냐의 문제다. 특히 노동 세계가 변화하는 요즘은 소셜 미를 더욱 신중하게 다뤄야 한다. 좋은 퍼스널 브랜드는 새로운 노동 세계에서 협업을 위한 좋은 토대가 된다. 디지털 세계는 노동 문화를 새로운 형태로 만들어가고 있고 이제 새로운 작업 방식은 어느 정도 필수적인 것이 되었다. 모두 혁신 능력과 워라밸 같은 뉴워크에 대해 이야기한다. 하지만 대부분 소프트웨어 도구와 기술에 대한 이야기일 뿐이다. 퍼스널 브랜딩이 주제로 등장하는 경우는 드물다. 이제 기업과 노동 세계가 이 부분에 더 많이 초점을 맞춰야 한다.

새로운 노동 문화에서 가장 중요한 부분은 협업이다. 예전보다 부서를 뛰어넘어 함께 일해야 하는 경우가 많아졌고 원격근무나 재택근무 덕분에 근무 방식도 유연해지고 있다. 일부 직원은 현장에서 일하고 일부 직원은 모바일로 근무하는 '하이브리드 팀'이 가능해졌다. 하이브리드 팀에서 협업할 때 다른 동료나 다른 회사 직원들이 어떤 분야의 전문가들인지 알아두면 일하기가 훨씬 수월해진다.

또한 우리는 어떤 회사의 직원인 동시에 한 명의 개인이다. 하지만 개인이 아니라 기업을 대표하는 사람으로서 이야기할 때가 많다. 예를 들어, CEO나 사내 또는 외부의 인플루언서, 기자 등을 만날 때 또는 제품 등을 소개할 때 그렇다. 그런데 두 역할은 서로 영향을 줄 가능성이 커서 퍼스널 브랜드를 잘 관리하고 다룰 수 있도록 기업 차원에서도 도움을 주어야 한다. 예를 들어 당신은 퍼스널 브랜드로서, 특히 회사를 대표하는 사람으로서 항상 롤 모델이 될 수 있다. 당신의 말에는 무게가 실리고 다른 사람들은 어떤 사안에 대해 당신의 의견을 듣고 싶어 한다. 일상 업무나 서비스 또는 제품에 대해 당신만큼 정확한 설명을 해줄 수 있는 사람도 없다.

이렇게 모든 직원이 퍼스널 브랜드 또는 사내 인플루언서로서 회사를 대표할 수 있다. 안 그래도 할 일이 많은데 일을 더 하라고 부담을 주는 것이 아니다. 퍼스널 브랜드로 자신을 포지셔닝해야만 새로운 노동 세계의 테두리 안에서 자신의 잠재력을 완전히 발휘할 수 있다.

> 퍼스널 브랜딩을 통해 일을 더 효율적으로 할 수 있다. 직원들은 서로 더 쉽게 다가가고 협업할 수 있다.

오늘날 노동 문화는 다양성과 다채로움으로 정리할 수 있다. 팀, 부서, 회사에서 더 많은 다양성을 도입한다는 것은 일단 더 많은 마찰과 논쟁, 소통이 이뤄질 거라는 의미다. 이때 퍼스널 브랜드는 자신의 욕구와 도전을 근무 환경에서 표현할 수 있게 도와준다. 이를 통해 변화 프로세스가 아래에서부터 시작될 수 있다. 각 개인에게 더 많은 권한이 주어지기 때문이다.

예를 들어 자녀가 있는 일하는 여성들을 보자. 이들은 회사 내에서 그림자 같은 존재인 경우가 너무나 많다. 일단 숫자가 적기 때문에 네트워크에서도 수적으로 부족하다. 두 가지 역할을 동시에 해야 해서 하루를 마치고 퍼스널 브랜딩과 네트워크까지 신경 쓸 여력이 없는 것이다. 그런데 이들과 이들의 관심사가 눈에 잘 띄지 않는 것은 또 다른 일하는 여성들에게 문제가 된다. 긍정적인 롤 모델이 거의 없기 때문이다. 따라서 먼저 눈에 띄어야 한다.

> 일단 사람들의 눈에 띄는 것을 두려워하면 안 된다. 눈에 띄는 말과 행동을 하면서부터 변화가 시작된다.

자녀가 있는 일하는 여성들은 시간이 없어서 하고 싶어도 하지 못하는 경우가 많다. 하지만 처음에는 아주 작은 조치들만으로도 충분히 눈에 띌 수 있다. 예를 들어 회사일만을 목적으로 일단 트위터나 링크드인 계정을 만드는 것이다. 이런 플랫폼을 통해 네트워크를 확장하고 자기 자신과 자신이 추구하는 주제를 여러 사람에게 알릴 수 있다. 소셜 미디어는 자신의 메시지를 외부로 전하는 데 안성맞춤이기 때문이다. 자신의 의견을 표현하는 게 어렵다면 처음에는 기사나 다른 사람의 글을 공유하면서 토론을 유도할 수도 있다.

있어 보이는 나를 만드는 법

회사 내
멘토링 프로그램

퍼스널 브랜드를 통해 다양한 것을 얻을 수 있다. 먼저 소수 집단이 자신들의 특별한 욕구와 어려움을 알리는 데 용이하다. 그리고 더 나아가 디지털 시대에 협력을 효율적으로 구축할 수 있다. 어쨌든 모두 소통하고 교류하는 것이다. 추상적으로 표현하면 지식과 정보의 이전과 관련이 있다.

이와 관련해서 멘토링 프로그램은 직원들이 전문 분야에서 발전하거나 다음 커리어 단계로 올라서는 데 도움이 되는 이상적인 제도이다. 그런데 이런 프로그램이 사내에 있기는 하지만 제대로 돌아가지 않는다는 말을 자주 듣는다. 특히 프로그램이 아예 진행이 안 되거나 되더라도 자신과 무관하다고 느낀다는 말을 여성들에게 자주 듣는다.

여기에는 여러 가지 원인이 있다. 가장 흔한 원인은 제대로 된 담당자가 없다는 것이다. 안 그래도 수천 가지 일을 하느라 바쁜 사람들이 주로 멘토로 지명되기 때문에 멘토링 업무는 우선순위에서 밀리게 된다. 그러다 보니 회사에서 멘토링 프로그램이 제대로 작동하지 않고 중요도가 떨어질 수밖에 없다. 이상적이고 흥미진진한 프로그램을 마련하려면 충분한 시간과 자원 외에도 책임감 있는 고정 담당자가 있어야 한다. 여기서도 퍼스널 브랜드가 결정적인 역할을 할 수 있다.

성공적인 멘토링 프로그램에는 정해진 확실한 규칙이 있다. 첫 번째 미팅에서 멘토와 멘티 모두 서로 무엇을 원하는지 이야기해야 한다. 그래야 실망을 최소화할 수 있다. 그리고 멘토링이 어느 방향으로 나아갈지 정해야 한다. 업무 분야의 변경인지, 더 많은 회사 프로젝트 참여인지, 전문 분야의 자기계발인지 아니면 어떤 문제 상황에 대한 조언인지 등을 정해야 한다. 그 밖에 얼마나 자주, 얼마의 간격을 두고 만날지도 협의해야 한다.

멘토링 프로그램이 제대로 작동하려면 "누가 누구를 만나는가?" 하는 질문이 결정적이다. 여기서는 무엇보다 다양성이 성공으로 가는 열쇠다. 매칭은 세대를 초월하고 직위를 초월하며 특히 젠더를 초월해서 이루어져야 한다. 디지털 원주민Digital Natives, 어린 시절부터 디지털 환경에서 성장해서 디지털 기기를 원어민처럼 자유자재로 사용하는 세대 – 옮긴이들은 이른바 '디지털 이주민Digital Immigrants, 후천적으로 디지털 기술에 적응해간 기성세대 – 옮긴이'들과 묶어서 양방향으로 지식의 이전이 일어나게 해야 한다. 모두가 서로에게서 배울 것이 있어야 한다.

좋은 예가 바로 '역멘토링Reverse Mentoring'이다. 세대를 초월해서 지식을 전달하는 포맷이다. 리버스, 즉 역방향이 이 경우에는 배우는 방향에서 일어난다. 나이가 더 많은 직원이 자신의 경험과 지식을 젊은 직원에게 전달하는 게 아니라 역으로 진행되는 것이다. 디지털 원주민들이 오늘날 회사에서 필요한 가치 있는 지식을 많이 가지고 있기 때문이다. 그런데 이미 디지털 원주민이라는 개념이 암시하듯이 젊은 세대는 결코 동질 집단이 아니다. 이 세대에서도 디지털 노하우의 차이가 상당히 크다. 그러므로 멘토링 프로그램에서 역멘토링은 각자가 자신만의 전문 분야에서 퍼스널 브랜드로 포지셔닝해야만 제대로 작동할 수 있다.

특히 디지털화와 같이 복잡한 주제를 다룰 때는 이런 주제를 전수해줄 수 있는 인물이 필요하다. 기업들은 '누가' 디지털 관련 콘텐츠를 가장 잘 대표할 수 있을지 먼저 질문해야 한다.

예를 들어 인공지능이 노동의 일상에 어떤 영향을 미치는지 알려주거나 조직에서 데이터가 얼마나 중요한지 구체적으로 제시해주는 사람들이 있을 것이다. 이런 사람들이 디지털화와 관련된 어려운 주제들을 내용 면에서 이해할 수 있게 제시해줘야 한다. 그리고 그 뒤에 숨은 가치를 표현하고 자신의 의견을 내도록 해야 한다.

소셜미 시대의
고용주 브랜딩

퍼스널 브랜딩 또는 사내 인플루언서는 기업의 지식 이전과 재능 있는 인재들을 확보하는 경쟁에서 중요한 역할을 한다. 이제는 거의 모든 분야에서 전문 인력 부족을 겪고 있기 때문에 인재 채용은 가장 중요한 실행 과제다. 특히 젊은 세대는 사고방식이 달라졌고 어디로 튈지 모르기 때문에 기업들은 대응 방안을 세워야 한다.

 몇 년 전만 해도 젊은이들은 대기업이나 평판이 좋은 회사에 취직하고 싶어 했다. 하지만 이제는 달라졌다. 오늘날 유능한 젊은 인재들에게는 혁신적인 스타트업에서부터 창업, 중소기업, 대기업에 이르기까지 모든 길이 열려 있다. 그것도 국

내뿐만 아니라 해외까지 망라한다. 젊은이들은 직장을 선택할 때 자신들이 대부분의 삶을 보내는 곳의 영향을 받는다. 바로 소셜 미디어다.

오늘날에는 기업이 강력한 브랜드를 가지고 있는 것만으로는 충분하지 않다. 예전에 인재들이 몰렸던 분야더라도 이제는 생각을 전환해야 한다. 회사가 외부에서 어떻게 인식되고 있고 밖에서 볼 때 누가 회사를 대표하는지 생각해봐야 한다. 이런 모든 질문 뒤에는 개개의 퍼스널 브랜드와 소셜 미가 있다.

🕐 나의 도전 13 　자신의 타깃 집단을 떠올려라

고용주 또는 기업이 내세우는 주제 중에서 당신도 대표할 수 있고 또 대표하고 싶은 것을 머릿속으로 그려보자. 또 개인적으로 관심이 있지만 당신의 직업과 전혀 관련이 없는 주제는 무엇인가? 이런 다양한 주제를 다양한 채널에서 소통하고 싶은지 생각해보자. 예를 들어보자. 당신은 IT 전문가이고 개인적으로는 코칭 관련 주제에 관심이 있다. 이런 주제는 링크드인보다는 개인 인스타그램에 더 자주 등장하지 않을까? 그리고 당신의 링크드인 프로필에서는 IT와 디지털에 관한 주제를 다룰 수 있다.

관심사가 다양한 것은 좋은 일이지만 항상 자신에게 질문해보자.

"나의 관심 분야는 나의 타깃 집단이 흥미로워할 만한 주제인가?"

📑 요점 정리

● 우리의 노동 환경은 디지털로 완전히 재구성되고 있다. 부서 간 경계는 허물어지고 사람들은 모바일로 일을 한다. 이때 퍼스널 브랜드는 지식과 정보를 효율적으로 소통하는 데 도움이 된다.

● 퍼스널 브랜드는 젊은 인재들을 끌어모으는 데도 큰 역할을 할 수 있다. 또 기업 내에서 소통하고 지식을 전달하는 일도 더 수월하게 만들어준다.

14장 ▶
성공을 쟁취하라!

내가 할 일을
내가 정해야 하는 이유

우리 어머니는 몇 년 전에 "네가 네 인생에서 해야 할 일을 정하지 않으면 다른 사람이 자기 맘대로 정해버려"라고 말씀하셨다. 그때부터 이 말은 계속 나를 따라다니고 있다. 늘 그렇듯 나도 처음에는 부모님의 조언을 대충 흘려들었다. 그런데 내가 정말로 인생의 과제를 직접 정하기로 한 순간, 그 말이 생생히 떠올랐다. 뭔가 자유롭고 용기를 북돋아주는, 해방된 듯한 느낌이 들었다. 그때부터 나는 내가 내세우고 싶은 주제를 직접 정했다.

　나는 내 인생의 CEO가 되었다. 이런 결정은 살짝 두려우면서도 기대감으로 흥분되었다. 자신이 실행 과제를 정하고 책임을 지게 되면 모든 것을 스스로 결정하는 자유만 얻는 것이 아니다. 실패나 과실도 모두 자신의 책임이다. 그리고 실패를 통해 배우는 것이 있으면 앞으로 절대 그냥 무너지지는 않을 것이다. 뭘 해도 할 것이다. 한 치 앞을 모르더라도 운명을 자신의 손에 쥐는 것만으로도 충분히 가치가 있다. 실행 과제를 직접 정하는 것은 불안감보다 더 많은 것을 얻게 해줄 것이다.

자신의 실행 과제를 정하는 것은 퍼스널 브랜딩의 진수다. 이렇게 자신의 성공을 위한 토대를 마련하라.

있어 보이는 나를 만드는 법

소셜 미는 도약의 기회를 제공한다

만약 나에게 퍼스널 브랜딩이 없었다면 지금의 커리어를 쌓지 못했을 것이다. 내가 이렇게 생각하는 이유는 다음 통계를 통해서도 알 수 있다. '독일 학문을 위한 기부자 협회'는 기업 컨설팅 회사인 매킨지와 함께 「대학 교육 보고서」를 발표했다. 이 보고서에 따르면 독일 교육 시스템에서 사회적 배경이 결정적인 역할을 한다는 사실이 확인되었다. 이 통계 자료로만 보면 나는 절대로 기업가가 될 수 없는 사람이다. 「대학 교육 보고서」에 따르면 소위 말하는 '노동자 자녀들'은 교육을 계속 이어가는 경우가 현저히 적었다. 대학 진학률만 봐도 그랬다. 대학을 졸업한 부모의 자녀들은 100명 중 74명이 대학에 진학했지만 대학을 졸업하지 않은 부모 밑에서 자란 아이들은 100명 중 21명만 대학에 진학했다. 다음 표가 이를 분명하게 보여준다.

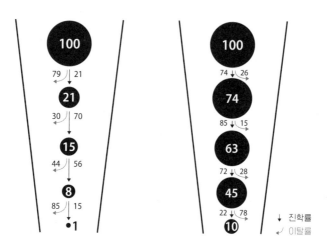

출처: "더 많은 교육을 통한 더 많은 기회?"
(연례 보고 2017/2018-중간평가 2010-2015. 에센 2017),
「대학 교육 보고서」(독일 학문을 위한 기부자 협회, 2020), p.12

교육 분야에서도 큰 손실이지만 무엇보다 노동 세계에도 엄청난 손실이다. 그래서 OECD에서도 한 연구를 통해 독일 경제에 영향을 미칠 거라고 경고하기도 했다.[7] 높은 학력을 취득할 기회와 창업의 기회가 제한되어 많은 인재가 사라진다는 것이다. 독일에서 소득이 낮은 가정 출신의 아이들은 평

있어 보이는 나를 만드는 법

균 소득 계층으로 올라가려면 여섯 세대를 거쳐야 한다. 하지만 그렇다고 해서 사회적인 계층 상승을 소수만이 해낸다는 뜻은 아니다. 많은 사람이 자신들의 사회적 배경을 숨긴다. 이들은 자신들이 실제로 이뤄낸 성과로만 인정받고 싶어 한다. 그렇지 않으면 자신들의 출신이나 특수한 상황 때문에 혜택을 받았다는 인상을 심어주게 되기 때문이다. 이것이 바로 가면 증후군이 나타나는 이유이기도 하다.

> 수천 명의 인재가 사회적, 경제적으로 도약하는 데 제한을 받고 있다. 이때 퍼스널 브랜딩이 도약의 기회를 제공할 수 있다.

이제 좋은 소식으로 넘어가보자. 누구나 퍼스널 브랜딩에 기대를 걸어볼 수 있다(그리고 그래야 한다). 퍼스널 브랜딩에는 인종, 성별, 나이에 따라 차별하는 것도 없고 복잡한 기준도 없다. 퍼스널 브랜딩을 잘하면 누구나 도약의 기회를 얻게 되기 때문에 어떤 일을 하든 도움을 받을 수 있다.

인생 과제를 정하면 당신의 목표, 포부가 사람들의 눈에 띄게 될 것이다. 그렇게 되면 개인적인 발전이든지 커리어와 관런 있든지 간에 당신에게 도움을 줄 사람들도 만날 수 있다. 당신은 퍼스널 브랜드로서 네트워크를 구축하고 당신과 당신의 재능을 선보일 수 있는 플랫폼을 만들게 된다. 이는 단순한 자기 연출이 아니라 그 이상의 것을 해내도록 도와준다.

실행 과제는
자기 연출 그 이상이다

자신의 인생 과제를 정하게 되면 자연히 한 개인으로서 모습을 드러내게 된다. 하지만 자기 연출을 한다는 비난에서 벗어나려면 자신이 내세우려는 내용에 초점을 맞춰야 한다. 그런데 자기 연출은 사실 좋은 것도, 나쁜 것도 아니다. 따지고 보면 우리는 항상 어느 정도 자신을 연출한다. 우리 인간은 소통하지 않고 살 수 없듯이,[8] 자기 연출 없이도 살 수 없다.

이해를 돕기 위해 패션 분야를 예로 들어보겠다. 아무리 모든 관습 따위를 무시하고 항상 후줄근한 옷차림으로 집에서 나간다고 해도 그것도 자기 연출이다. 이런 경우에는 "나는 규범과 패션에 별로 신경 쓰지 않는 사람이야"라는 메시지를 사람들에게 던지는 것이다.

얼마 전, 두 장의 사진이 이를 분명하게 보여주었다. 하나는 프란치스카 기피Franziska Giffey 가족부 장관이 2019년 세계 여성의 날을 맞이해서 베를린의 환경미화원 복장을 한 모습이었다. 또 다른 사진은 그레타 툰베리가 마침내 스웨덴 집으로 돌아가는 길에 만석인 독일 기차 바닥에 여행용 트렁크와 함께 앉아 있는, 그 유명한 사진이다.

그레타 툰베리의 사진이 언론의 집중적인 관심을 받자, 프란치스카 기피 장관은 어느 정도 '자기 연출'이 가미된 사진이라고 지적했다. '그 나쁜 말'이 나오고 말았다. 당연히 논쟁이 붙었고 하필 그런 말이 정치인의 입에서 나온 것은 어불성설이라는 비난이 쏟아졌다. 바로 정치인들이 누구보다도 자기 연출을 잘한다는 것이 논쟁의 핵심이었다. 그리고 프란치스카 기피 장관이 기자를 대동하고 환경미화원으로 일하는 모습을 찍은 사진은 자기 연출이 아니라면 뭐란 말인가?

이 논쟁에는 여러 가지 흥미로운 측면이 있다. 무엇보다 메타 디스커션(논의를 위한 논의)이라는 사실이다. 논쟁에서 다룰 수 있고 또 다뤄야 하는 노동 세계의 여성들, 환경보호 또는 지속 가능성과 같은 내용은 전혀 언급되지 않았다. 그 대신에 자기 연출과 각 행위자의 신뢰성에 대한 논쟁만 이루어졌다.

그리고 프란치스카 기피 장관의 발언을 자세히 살펴보면 자기 연출에 대한 비난 자체에는 사람들이 반박하지 않는다는 것을 알 수 있다. 사람들은 말한 사람이 그런 말을 할 자격이 있는지 그 정당성에만 의문을 제기했다. 나도 정치야말로 자기 연출 아니냐는 사람들의 비난에 어느 정도 의견을 같이한다.

하지만 여기에 대해 조금 더 생각할 필요가 있다. '자기 연출'이라는 말은 항상 '위조', '연기', '가짜', '사악한' 또는 '계산적'이라는 단어를 연상시킨다. 과연 그럴까? 왜 자기 연출에는 퍼스널 브랜딩이라는 개념과 마찬가지로 부정적인 이미지가 수반되는 것일까? 자기 자신을 드러내고 연출하는 것은 그 자체로는 좋고 나쁜 게 아니다. 그냥 잘하거나 못하거나 둘 중 하나다. 나는 성공적인 자기 연출은 아주 설득력이 있고 진짜처럼 보일 수 있다고 생각한다. 연출 자체는 비난받을 일이 아니다. 다만 비난받을 만한 목적을 위해 사용될 때 문제가 될 뿐이다.

자기 연출은 절대로 그 자체가 목적이 되거나 선택적으로 도구화되면 안 된다. 나는 리더십을 주제로 자신을 포지셔닝하는 지도층 중에서 그런 사람들을 자주 봤다. 가령 어떤 행사를 진행하는 중에 식사를 서빙해주는 직원들이 룸으로 들어오는 순간 그들이 평소 이야기하는 높은 목표, 가치, 이상이 시험대에 오르게 된다. 직원들을 대하는 이들의 태도가 평소 자신이 입으로 말하던 가치와 맞지 않으면 이들의 퍼스널 브랜드는 신뢰를 잃게 된다.

> 자신의 태도가 자신이 정한 포지션과 맞아야 제대로 된 퍼스널 브랜드를 구축할 수 있다.

그러므로 무턱대고 자기 연출 그 자체를 비난해서는 안 된다. 프란치스카 기피와 그레타 툰베리를 두고 벌어진 논쟁은 자기 자신, 자신의 운명과 임무에 신경 쓰는 것을 비난하는 것과 같다. 이런 비판만 난무하면 사람들은 잠재력을 발휘할 기회조차 꿈꾸지 못할지도 모른다. 사람들에게 어떤 사람으로 인식되고 싶은지, 어떤 이야기를 해주고 싶은지 결정할 권한은 자신에게 있다. 스스로 인생의 작가가 되어라!

있어 보이는 나를 만드는 법

아직 쓰지 않은 책,
소셜 미

자신의 인생과 소셜 미가 아직 쓰지 않은 책이라고 상상해보자. 시작할 때는 모든 것이 열려 있다. 책의 모습은 자신이 결정할 수 있다. 당신의 인생에는 어떤 표지가 어울릴까? 표지는 당신의 간판이다. 책의 제목은 간단명료해서 그 제목을 보는 순간 당신과 연결 지을 수 있어야 한다. 다섯 개의 문장에 각각 부문장이 세 개씩 딸린 제목은 적절하지 않다. 표지 그림도 마찬가지로 중요하다. 독자들이 책을 보고 가장 먼저 어떤 인상을 받기를 바라는가? 책의 뒤표지도 중요한 정보를 담고 있는 경우가 많다. 내용의 요약 외에도 이 책을 미리 읽은 사람이 추천하는 글도 실려 있다. 이런 요소들도 관심을 불러일으키는 데 도움이 된다.

다음으로 책 내용에 관심을 기울여야 한다. 어떤 내용이 당신의 삶과 소셜 미를 잘 보여줄까? 무엇이 중요하고 처음에 어떤 내용을 담아야 할까? 어떤 내용을 얼마나 자세히 기술할까? 어떤 행사에 초대받게 되면 어떤 장에서 인용할까? 이 책은 당신의 이야기, 능력, 재능, 경험에 대한 증거다. 이때 '당신자신'의 이야기라는 것을 강조해야 한다.

아무리 대부분의 책이 흰 종이에 검은 글씨라고 해도 반드시 그래야 하는 것은 아니다! 특히 이 은유적인 책은 색깔과 그림으로 가득해야 한다. 흰 바탕에 검은 글씨로 쓴 내용은 당신과 당신의 인격을 나타내는 중립적인 바탕일 뿐이다. 내용에 자신의 색깔과 개인적인 특징을 부여해야 한다. 네트워크의 모든 사람이 이 책을 얘기하도록 책의 페이지를 다채롭게 만들어야 한다. 동료들은 이 책의 중요한 독자가 될 것이다. 그들이 읽고 싶을 정도로 흥미진진해야 한다. 더 나아가 책의 내용이 계속 기억에 남아야 한다. 관련 분야의 질문이 생기면 곧바로 이 책과 당신이 떠오를 정도로 말이다.

소셜 미는 한 권의 책과 같다. 책 표지와 내용은 모두 자신의 손에 달려 있다. 책에 자신의 인격과 삶을 모두 담아보자.

책은 종이책만 있는 게 아니다. 그러니 오디오북을 만들고 낭독 여행을 하면서 기회가 있을 때마다 자신의 이야기를 사람들에게 들려줘라. 말하고자 하는 주제뿐만 아니라 당신의 삶에 대해서도 얘기하라. 그리고 책 출판에는 반드시 이에 상응하는 좋은 마케팅이 필요하다. 그러니 계속 홍보하는 것을 잊지 마라! 주변 사람들이 계속 얘기하게 만들어라. 10년 후에 다시 만나도 바로 떠올릴 수 있도록 말이다.

스토리텔링과 브랜딩은 사람들의 기억 속에 남게 하는 중요한 열쇠다. 이 두 가지가 성공을 가져다줄 것이다.

왜 퍼스널 브랜딩에
진전이 없을까?

워크숍을 열면 퍼스널 브랜드를 이제 막 구축하는 사람뿐만
아니라 퍼스널 브랜드를 가진 경험이 많은 사람들과도 만나
게 된다. 개인적인 경험과 어려움에 대해 대화하다 보면 다들
비슷한 문제를 겪는다는 것을 알 수 있다. 퍼스널 브랜딩에 진
전이 없는 데는 여러 이유가 있지만 여기서는 퍼스널 브랜딩
과 관련해서 가장 자주 하는 세 가지 실수와 이를 피할 방법을
설명하겠다.

실수 1: 당신의 퍼스널 브랜드는 수동적이다

스스로 자신의 실행 과제를 정해야 한다. 그렇지 않으면 다

있어 보이는 나를 만드는 법

른 사람이 정하게 되거나 계획 없는 사람이라는 느낌을 줄 수 있다. 사람들이 자신의 실행 과제를 정하지 못하는 것은 자신이 원하는 것이 무엇인지 정확히 알지 못하기 때문이다. 자신을 드러내고 포지셔닝하기 위해서 많은 기회를 이용하지만 결국에는 앞으로 나아가지 못하고 제자리걸음만 한다. 만약 어떤 제안이나 기회가 자신에게 100% 맞지 않으면 "NO"라고 계속 말해야 한다. 역설적으로 들릴지도 모르지만 더 자주 "NO"라고 말할수록 자신에게 맞는 제안을 받을 가능성이 커진다.

실수 2: 당신만의 고유한 특징이 무엇인지 모르고 있다

혹시 창작의 위기 또는 인생의 의미에 대해 생각하고 있는가? 아니면 소셜 미의 방향을 설정하는 데 어려움을 겪고 있는가? 만약 그렇다면 자신만의 고유한 특징이 무엇인지 명확하게 알아야 한다. 자신이 추구하는 주제에 제한을 두면 안 된다. 네트워크로 끌어안을 사람들에도 제한을 두지 말아야 한다.

예를 들어 이 세상에는 수십만 명의 사진작가가 있다. 이들은 매일 수백만 장의 사진을 찍고 포스팅한다. 자신만의 고유하고 독특한 스타일도 가지고 있다. 수백만 명의 사람들이 이

들이 공유한 사진들을 보고 매일 새로운 감동을 느낀다. 자신
만의 특별한 특징, 개성이 차이점을 만든다. 명심하자.

실수3: 당신은 다른 사람에게 도움을 청할 용기가 없다

퍼스널 브랜딩은 핵물리학이 아니다. 어떤 문제에 대한 해
결 방법은 생각보다 쉬운 경우가 많다. 이메일 한 통, 전화 한
통 또는 소식만으로도 해결이 가능한 상황이 많다. 사람들은
다른 사람들을 돕는 것을 좋아한다. 그래서 나의 최종적인 팁
은 다른 사람들을 도와주고 다른 사람들의 도움을 받는 것을
주저하지 말라는 것이다. 모든 것을 다 할 수 있는 사람은 없
고 또 누구나 모든 것을 다 잘해야 하는 것도 아니다. 다른 사
람들의 재능을 이용하고 당신보다 잘하는 일이 있다면 도움
을 받아라.

있어 보이는 나를 만드는 법

성공을 쟁취하라!

자신을 받아들여라. 자신의 주제와 실행 과제를 스스로 정하고 그 이야기를 다른 사람들에게 전해라. 그래서 마땅히 누려야 할 성공을 꼭 쟁취하기를!

이제 막 시작했든지 이미 몇 년 전에 시작했든지 상관없다. 왜 퍼스널 브랜딩에 신경 써야 하는지 항상 생각해야 한다. 퍼스널 브랜딩은 자신의 플랫폼, 네트워크, 브랜드로 도약할 기회를 만들어준다. 한 명의 사람으로서 해방되고 외부의 영향에서 벗어나 더 독립적인 존재가 될 수 있다.

마지막으로 두 가지 팁을 전해주고 싶다. 내가 더 발전하고 내 목표를 이루는 데 정말 많은 도움이 된 것들이다.

첫 번째 팁은 목표를 시각화하는 것이다. 나는 연말마다 항상 그렇게 한다. 연말은 생각에 잠기고 한 해 동안 달성한 것을 뒤돌아보며 계획을 세우기 좋은 때다. 나는 몇 년 전부터 다음 해에 하고 싶은 일과 달성하고 싶은 목표들을 기록하고 있다. 이렇게 하면 연말쯤에 어떤 목표를 실제로 달성했는지, 어떤 목표를 달성하지 못했는지 확인할 수 있다. 동시에 나는 새로운 목표를 세운다. 이런 식으로 목표를 기록하고 시각화하면 목표를 실행에 옮기기가 훨씬 쉬워진다. 계속해서 달성할 방법을 생각해보기 때문이다. 내가 달성하지 못했거나 처음부터 너무 비현실적이라서 달성했다고 체크를 하지 못하면 연말에 어떤 생각을 할지 알기 때문에 달성하려고 계속 노력하게 된다.

목표를 시각화하라. 목표에 대해 생각해볼 일정을 잡아보자.

두 번째 팁은 성공을 자축하는 것이다. 달성한 목표를 이야기하고 실감할 수 있는 의식을 만드는 것이 중요하다. 예를 들면 나는 직원들과 함께 항상 크리스마스 파티를 겸해서 이런 의식을 치른다. 우리는 돌아가면서 지난해에 특히 행복했던 일들, 달성한 것들에 대해 이야기를 나눈다. 이렇게 하면 기쁨과 겸손, 자랑스러움으로 충만해진다. 그때서야 비로소 한 해 동안 엄청난 일들을 해냈다는 것을 실감하게 된다. 그리고 정말 신나게 축하 파티를 한다!

반드시 성공을 축하하라! 그래야 그 성공이 현실로 와닿고 자신이 무엇을 달성했는지 실감할 수 있다.

나의 도전 14 　나의 인생에 제목을 붙여보자

일단 서점에 가보자. 부디 집 근처에 아직 서점이 남아 있기를 바란다. 그리고 진열된 책들을 쭉 훑어보자. 어떤 책 표지가 눈에 들어오는가? 어떤 것이 마음에 들고 왜 마음에 드는가? 마음에 드는 책들은 무엇을 말해주고 있는가? 전문 서적인가, 아니면 소설책인가? 책을 골랐으면 계속해서 생각해보자. 당신이라는 사람과 당신의 인생에 제목을 붙인다면 어떤 제목이 좋을까?

　팁 ⫸　　어쩌면 딱 맞는 제목의 책이 이미 나와 있을지도 모른다.

책의 머리말을 써줄 사람이 있는가? 추천의 글을 부탁할 사람은?

요점 정리

● 퍼스널 브랜딩은 사회적 배경이나 인종적 배경과 상관없이 모두에게 열려 있다.

● 사람은 누구나 성공하고 싶어 하는데 최근 독일에서는 사회적 계층 상승이 점점 어려워지고 있다. 그래서 더더욱 퍼스널 브랜딩이 우리에게 필요하다.

있어 보이는 나를 만드는 법

미주

1   Jean M. Twenge et al.: "Age, period and cohort trends in mood disorder indicators and suicide-related outcomes in a nationally representative dataset, 2005-2017." in: Journal of Abnormal Psychology 2019, Volume 128, Issue3, S. 185-199

2   Hui-Tzu Grace Chou et al. (2012): "They Are Happier and Having Better Lives than I Am: The Impact of Using Facebook on Perceptions of Others' Lives." In: Cyberpsychology, Behavior, and Social Networking. Volume 15, Issue2, sowie: Helena Wenninger et al. (2018): "Understanding the Role of Social Networking Sites in the Subjective Well-being of Users: A Diary Study', European Journal of Information Systems (EJIS).

3   이 책을 집필할 때만 해도 야니나 쿠겔의 이직 여부가 아직 확정되지 않은 상태였다. 쿠겔의 지멘스 퇴사와 이 책에 기술한 내용들은 자세한 진로에 대해 알지 못한 상태에서 기술한 것이다.

4   Pauline R. Clance, Suzanne A. Imes: The imposter phenomenon in high achieving women. Dynamics and therapeutic intervention.

Psychotherapy. Theory, Research, and Practice. Volume 15, Issue 3, Fall 1978, pp.241-247.

5   Sonja Rohrmann, Myriam Bechtoldt, Mona Wolff: Validation of the impostor phenomenon among managers, in Frontiers in Psychology7(466), June 2016, Article 821.

6   Stephan Vopel: Faktor Vielfalt. Die Rolle kultureller Vielfalt für Innovationen in Deutschland, Gütersloh: Bertelsmann Stiftung, 2018. McKinsey & Company (Hg.): Delivering Through Diversity, o.O., 2018: McKinsey & Company (Hg.): Vielfalt siegt! Warum diverse Unternehmen mehr leisten, o.O., 2011; oder Frank Herbrand: Interkulturelle Kompetenz. Wettbewerbsvorteil in einer globalisierenden Wirtschaft, Bern: Paul Haupt Verlag, 2000.

7   OECD: A Broken Social Elevator? How to Promote Social Mobility, Paris 2018.

8   Watzlawick Paul: Man kann nicht nicht kommunizieren, Bern 2011.

있어 보이는 나를 만드는 법

티젠 오나란 Tijen Onaran

저자는 '글로벌 디지털 우먼(Global Digital Woman)'이라는 온라인 여성 커뮤니티를 운영하는 경영인이자 퍼스널 브랜딩 강사다. 터키 출신 독일인인 그녀는 주변의 권유로 정당 활동을 시작했는데 자신이 이민자라는 이유만으로 전혀 생각해보지 못했던 질문을 받게 되자, '선입견에 시달리지 않으려면 내가 나의 브랜드를 먼저 정해야 한다'는 것을 깨닫고 퍼스널 브랜딩 분야에 발을 들여놓게 되었다.

여성들의 활발한 사회 활동을 위한 네트워킹과 커뮤니케이션, 커리어 관리 등에 관한 컨설팅을 하면서 이름을 알린 그녀는 '독일 경제에 영향을 미치는 여성 100인'(〈매니저 매거진〉), '가장 능력 있는 사업가 40인'(경제 매거진 〈캐피탈〉)에 선정되었고, 각종 소셜 미디어에서 인플루언서로 활약하고 있다.

그녀의 두 번째 책인 『있어 보이는 나를 만드는 법』(원제: 눈에 띄는 사람에게만 어떤 일이 일어난다 Nur wer sichtbar ist, findet auch statt)은 소셜 미디어 시대에 개인의 브랜드 구축법에 대한 자기계발서로, 출간 이후 오랫동안 종합 베스트셀러이자 마케팅·브랜딩 분야 1위 자리를 지키며 주목받고 있다.

저자의 한 마디
"우리 모두는 스스로 의도하건 의도하지 않건 자신만의 퍼스널 브랜드를 이미 갖고 있다. 그러므로 남들이 그것을 정하기 전에 내가 먼저 정해야 한다."

서유리

국제회의 통역사로 활동하다 얼떨결에 출판 번역에 발을 들인 후 그 오묘한 매력에 빠져 아직도 헤어 나오지 못하고 있다.

옮긴 책으로는 『당신의 어린 시절이 울고 있다』, 『당신은 타인을 바꿀 수 없다』, 『우연은 얼마나 내 삶을 지배하는가』, 『내 옆에는 왜 이상한 사람이 많을까?』, 『공간의 심리학』, 『당신의 과거를 지워드립니다』, 『내 남자 친구의 전 여자 친구』, 『사라진 소녀들』, 『상어의 도시』, 『카라바조의 비밀』, 『독일인의 사랑』, 『월요일의 남자』, 『언니, 부탁해』, 『관찰자』, 『타인은 지옥이다』, 『당신의 완벽한 1년』 등 다수가 있다.

있어 보이는
나를
만드는 법

1판 1쇄 인쇄 | 2021년 6월 25일
1판 1쇄 발행 | 2021년 6월 30일

지은이 | 티젠 오나란
옮긴이 | 서유리
발행인 | 김태웅
기획편집 | 박지호, 김슬기
외부기획 | 민혜진
디자인 | design PIN
마케팅 총괄 | 나재승
마케팅 | 서재욱, 김귀찬, 오승수, 조경현, 김성준
온라인 마케팅 | 김철영, 임은희, 장혜선, 김지식
인터넷 관리 | 김상규
제　작 | 현대순
총　무 | 안서현, 최여진, 강아담, 김소명
관　리 | 김훈희, 이국희, 김승훈, 최국호

발행처 | (주)동양북스
등　록 | 제2014-000055호
주　소 | 서울시 마포구 동교로22길 14 (04030)
구입 문의 | 전화 (02)337-1737 팩스 (02)334-6624
내용 문의 | 전화 (02)337-1739 이메일 dymg98@naver.com

ISBN 979-11-5768-721-3 03190